mentor Übungsbuch

Mathematik

5./6. Klasse

Grundrechenarten, Größen, Gleichungen

Jürgen Haubrich

Mit Lösungsteil zum Heraustrennen

mentor
Eine Klasse besser.

Der Autor: Jürgen Haubrich, Lehrtätigkeit in Mathematik und Physik am Gymnasium, langjährige Erfahrung als Nachhilfelehrer, Autor von Lehrbüchern und Lernsoftware

Redaktion: imprint, Augsburg

Abbildungen: Henning Schöttke, Kiel (Cartoons)

Umwelthinweis: Gedruckt auf chlorfrei gebleichtem Papier

Layout: Peter Glaubitz, auf der Basis des Layouts von Barbara Slowik, München
Umschlag: büro schels für gestaltung, München
Satz: imprint, Augsburg
Druck: Landesverlag Druckservice, Linz

Printed in Austria • ISBN 3-580-63909-9

1 2 3 4 5 07 06 05 04 03

Inhaltsverzeichnis

Unser Tipp für alle, die noch mehr wissen wollen:

mentor Lernhilfen

Die sind Spezialisten im Erklären und machen fit fürs ganze Schuljahr!

Für Mathe in der 5./6. Klasse gibt's die Bände:

Grund- und Aufbauwissen 1 (5./6. Klasse)
Mengen, Einheiten, Addition und Subtraktion
ISBN 3-580-63615-4

Grund- und Aufbauwissen 2 (5./6. Klasse)
Multiplikation, Division, Terme, Gleichungen, Ungleichungen
ISBN 3-580-63616-2

Grund- und Aufbauwissen 3 (5./6. Klasse)
Teiler, Vielfache, Rechnen mit Brüchen
ISBN 3-580-63617-0

Grund- und Aufbauwissen 4 (5./6. Klasse)
Dezimalbrüche, Prozentrechnung, Proportionen, Geometrie
ISBN 3-580-63618-9

Vorwort

Hallo, liebe Schülerin, lieber Schüler,

du sollst eine Mathearbeit über Grundrechenarten und Größen schreiben und möchtest noch ein bisschen trainieren, aber möglichst schnell und ohne viel Theorie?

Dann bist du hier richtig! Denn jetzt geht's besonders easy:

Treffsicher Dieses Buch ist in **24 kleine Lernportionen** gegliedert.
→ So findest du dich besonders schnell zurecht.

Übersichtlich Jede Lernportion umfasst genau eine **Doppelseite**.
→ So hast du immer alles auf einen Blick.

Einleuchtend Jede Doppelseite beginnt mit einer kurzen, klaren **Regel**.
→ So weißt du immer sofort, worauf es ankommt.

Clever Dann geht's ans **Üben** – ganz locker, Schritt für Schritt.
→ So bereitest du dich optimal vor.

Praktisch Der **Lösungsteil** zum Heraustrennen passt seitengetreu dazu.
→ So kontrollierst du blitzschnell – ohne Suchen und Blättern.

Am besten gleich loslegen!

Viel Spaß und ganz viel Erfolg

wünscht dir

dein mentor Verlag

Noch ein Tipp Du hast noch mehr Nachholbedarf, aber keine Lust auf Nachhilfe? Dann versuch's doch mit den **mentor Lernhilfen**: Schau mal auf die Seite gegenüber!

1 Unser Zahlensystem

Wir verwenden in unserem Zahlensystem die Ziffern 0, 1, 2, ..., 9. Je nachdem an welcher Stelle eine Ziffer in einer Zahl steht, hat sie einen anderen Wert: Einer (E), Zehner (Z), Hunderter (H), Tausender (T), ... Deshalb heißt unser Zahlensystem auch Stellenwertsystem oder Dezimalsystem (= Zehnersystem). 1, 10, 100, 1000, ... sind die Stufenzahlen des Zehnersystems. Man erhält sie jeweils durch Multiplikation mit der Grundzahl 10.

... $\xleftarrow{\cdot 10}$ 100 000 $\xleftarrow{\cdot 10}$ 10 000 $\xleftarrow{\cdot 10}$ 1000 $\xleftarrow{\cdot 10}$ 100 $\xleftarrow{\cdot 10}$ 10 $\xleftarrow{\cdot 10}$ 1

Beispiel

Bei der Zerlegung einer Zahl in Stufen stellt man fest, wie oft jede Stufenzahl in der Zahl vorkommt:

5 1 0 5 2

→ diese 2 hat den Stellenwert	2 · **1**	=	2
→ diese 5 hat den Stellenwert	5 · **10**	=	50
→ diese 0 hat den Stellenwert	0 · **100**	=	0
→ diese 1 hat den Stellenwert	1 · **1000**	=	1000
→ diese 5 hat den Stellenwert	5 · **10 000**	=	50 000
			51 052

oder kürzer:

51 052 = 5 · 10 000 + 1 · 1000 + 0 · 100 + 5 · 10 +2 · 1 =
= 5 · 10 000 + 1 · 1000 + 5 · 10 + 2 · 1

bzw.:

51 052 = 5ZT 1T 5Z 2E

Übung 1

Zerlege wie im Beispiel in Stufen.

a) 3185

b) 54 056

c) 5 301 360

d) 60 010 002

e) 7 012 008 105

f) 1 234 567 890

Übung 2

Schreibe die vorkommenden Zahlen in Ziffern.

a) In das größte Fußballstadion Europas, das Nou-Camp-Stadion in Barcelona, passen einhundertneuntausendachthundertfünfzehn Zuschauer.

b) Die durchschnittliche Entfernung der Erde zur Sonne beträgt einhundertneunundvierzig Millionen fünfhundertachtundneunzigtausendunddreißig Kilometer.

c) Auf der Erde leben derzeit ungefähr sechs Milliarden zweihundertdreiundzwanzig Millionen einhundertfünfzigtausend Menschen.

Übung 3

Es gibt 13 983 816 verschiedene Möglichkeiten einen Lottoschein (6 aus 49) auszufüllen. **Schreibe diese Zahl in Worten.**

Übung 4

Gib folgende Zahlen an:

a) die zweitkleinste fünfstellige Zahl.

b) die größte sechsstellige Zahl, die aus verschiedenen Ziffern besteht.

c) die kleinste siebenstellige Zahl, die aus verschiedenen Ziffern besteht.

Übung 5

Wie viele dreistellige Ziffern haben

a) eine 3 an der Einerstelle?

b) eine 4 an der Hunderterstelle?

c) mindestens eine 5 (egal an welcher Stelle)?

2 Die Dualzahlen

Die Grundzahl des Dualsystems (= Zweiersystem) ist die 2. Zum Schreiben von Dualzahlen benötigt man daher nur zwei Ziffern, 0 und 1. Die Stufenzahlen des Dualsystems erhält man jeweils durch Multiplikation mit 2:

$\cdot 2$ $\cdot 2$ $\cdot 2$ $\cdot 2$ $\cdot 2$ $\cdot 2$ $\cdot 2$ $\cdot 2$

… 128 64 32 16 8 4 2 1

Beispiele

Um eine Zahl vom Zweier- ins Zehnersystem umzurechnen, musst du die Ziffern der Dualzahl mit den jeweiligen Stufenzahlen multiplizieren.

$1\,0\,1\,1\,1_{(2)}$

- diese 1 hat den Stellenwert $1 \cdot \mathbf{1} = 1$
- diese 1 hat den Stellenwert $1 \cdot \mathbf{2} = 2$
- diese 1 hat den Stellenwert $1 \cdot \mathbf{4} = 4$
- diese 0 hat den Stellenwert $0 \quad \mathbf{8} = 0$
- diese 1 hat den Stellenwert $1 \cdot \mathbf{16} = 16$

$\overline{23}$

oder kürzer: $10111_{(2)} = 1 \cdot \mathbf{16} + 0 \cdot \mathbf{8} + 1 \cdot \mathbf{4} + 1 \cdot \mathbf{2} + 1 \cdot \mathbf{1} = 23$

Um eine Zahl vom Zehner- ins Zweiersystem umzurechnen, musst du herausfinden, aus welchen Stufenzahlen des Zweiersystems sich die Zehnerzahl zusammensetzt.

$22 = 1 \cdot \mathbf{16} + 0 \cdot \mathbf{8} + 1 \cdot \mathbf{4} + 1 \cdot \mathbf{2} + \mathbf{0} \cdot \mathbf{1} = 10110_{(2)}$

Nebenrechnung:

	22	
	−16	16 passt rein → 1
	6	8 passt nicht rein → 0
	−4	4 passt rein → 1
	2	
	−2	2 passt rein → 1
	0	1 passt nicht rein → 0

Übung 1

Schreibe im Zweiersystem die Zahlen von 1 bis 10 auf.

Übung 2

Schreibe im Zehnersystem.

a) $101_{(2)}$

b) $11001_{(2)}$

c) $101010_{(2)}$

d) $10011_{(2)}$

e) $1101001_{(2)}$

f) $100110011_{(2)}$

Übung 3

Schreibe im Zweiersystem.

a) 17

b) 35

c) 112

d) 32

e) 53

f) 235

Übung 4

Welche Zahl folgt im Zweiersystem auf:

a) 101

b) 10011

c) 11110

d) 11111

3 Die römischen Zahlen

Die Römer benutzten kein Stellenwertsystem, sondern verwendeten verschiedene Buchstaben für die jeweiligen Zahlen:

Buchstabe	I	V	X	L	C	D	M
Wert	1	5	10	50	100	500	1000

Zum Schreiben von Zahlen wurden die Buchstaben miteinander kombiniert. Dabei galten folgende Regeln:

1. Steht hinter einem Buchstaben der Buchstabe einer kleineren Zahl, so werden die Werte der Buchstaben zusammengezählt. Steht vor einem Buchstaben der Buchstabe einer kleineren Zahl, so wird dieser Wert abgezogen. Dabei darf nur ein Buchstabe einer kleineren Zahl vorangestellt werden.
   Beispiel: XVI = 10 + 5 + 1 = 16; XL = 50 – 10 = 40
   998 = CMXCVIII (und nicht IIM)

2. Die Zeichen I, X, C und M dürfen höchstens dreimal hintereinander verwendet werden.

3. V, L und D dürfen nicht vor dem Buchstaben einer größeren Zahl stehen und dürfen nicht zweimal hintereinander verwendet werden.

Übung 1

Zähle mit römischen Zahlen von 1 bis 10.

Übung 2

Schreibe im Zehnersystem.

a) XVI

b) LXIV

c) XCVIII

d) MDCCLXIX

e) CDXLVII

f) MMCMXXIV

Übung 3

Schreibe als römische Zahl.

a) 19

b) 76

c) 388

d) 1434

e) 1981

f) 2233

Übung 4

Gib die folgenden Jahreszahlen als römische Zahlen an.

a) Mit dem Bau des Kölner Doms wurde 1248 begonnen.

b) Der Mathematiker Adam Riese starb 1559 in Annaberg.

c) Galileo Galilei wurde 1564 in Pisa geboren.

d) Die Münchner Frauenkirche wurde 1756 fertig gestellt.

Übung 5

Schreibe als Dualzahl.

a) XVII

b) XLVI

c) CXXIV

4 Addition und Subtraktion

Bei der Addition und Subtraktion verwendet man folgende Fachbegriffe:

Summe:	12	+	17	=	29
	1. Summand		2. Summand		Wert der Summe
Differenz:	137	–	89	=	48
	Minuend		Subtrahend		Wert der Differenz

Merkhilfe: **M**(inuend) kommt im Alphabet vor **S**(ubtrahend)

In der Regel stehen die Zahlen in den Aufgaben nebeneinander, so dass du auch nebeneinander rechnen solltest. Hier empfiehlt es sich, die bereits verwendeten Ziffern mit einem Punkt zu markieren. Wenn du wie bisher untereinander addieren willst, solltest du dies in einer Nebenrechnung tun. Achte dabei auf eine ordentliche Schreibweise, so dass Einer unter Einer, Zehner unter Zehner, Hunderter unter Hunderter usw. stehen. Dies geht am besten, wenn du die Kästchen deines Heftes ausnutzt.

Beispiel

14 783 + 1866 = 16 649

1319 – 158 = 1161

350 561 + 489 017 = 839 578   NR:

```
 350561
+489017
-------
 839578
```

Übung 1

Addiere nebeneinander.

a) 137 + 561 =

b) 489 + 596 =

c) 1387 + 5699 =

d) 458 997 + 327 568 =

e) 13 875 + 587 + 11 621 =

f) 56 879 + 128 977 + 547 324 =

Übung 2

Subtrahiere nebeneinander.

a) 642 – 431 =

b) 735 – 259 =

c) 5678 – 949 =

d) 66 742 – 546 =

e) 894 562 – 45 213 =

f) 987 654 – 123 456 =

Übung 3

Welche Ziffern gehören in die Lücken?

```
 1_59
+581_
-----
 _1_2
```

```
 89_1
-1_59
-----
 _77_
```

Übung 4

Wie ändert sich der Wert einer Summe, wenn man

a) beide Summanden um 3 vergrößert?
Der Wert der Summe ist

b) beide Summanden um 5 verkleinert?
Der Wert der Summe ist

c) den 1. Summanden um 7 vergrößert und den 2. Summanden um 3 verkleinert?
Der Wert der Summe ist

Übung 5

Wie ändert sich der Wert einer Differenz, wenn man

a) den Minuenden um 4 verkleinert?
Der Wert der Differenz ist

b) den Subtrahenden um 7 vergrößert?
Der Wert der Differenz ist

c) Minuend und Subtrahend um 3 verkleinert?
Der Wert der Differenz ist

5 Rechengesetze der Addition

Bei längeren Rechnungen verwendet man Klammern. Was in Klammern steht, wird zuerst berechnet. Bei der Addition ändert sich das Ergebnis nicht, wenn man Klammern umsetzt oder weglässt. Außerdem darf man in Summen die Reihenfolge der Summanden vertauschen.

Allgemein lauten diese Gesetze:
Assoziativgesetz: $(a + b) + c = a + (b + c) = a + b + c$
Kommutativgesetz: $a + b = b + a$
a, b und c sind dabei beliebige natürliche Zahlen

Beispiele

Mit Hilfe dieser beiden Gesetze kannst du oft einfacher rechnen:
173 + (586 + 27) = (173 + 27) + 586 = 200 + 586 = 786

Treten in einem Term mehrere Additions- und Subtraktionsrechnungen auf, ändert sich nichts am Ergebnis, wenn du zuerst alle Zahlen, die addiert werden müssen, zusammenzählst und alle Zahlen, die subtrahiert werden müssen, zusammenzählst und dann die Ergebnisse voneinander abziehst.
75 – 38 + 13 – 43 + 12 + 47 – 16
Summe aller Plusglieder: 75 + 13 + 12 + 47 = 147
Summe aller Minusglieder: 38 + 43 + 16 = 97
Zusammen: 147 – 97 = 50

Übung 1

Berechne möglichst geschickt, indem du das Kommutativgesetz verwendest.

a) 35 + 43 + 15 =

b) 189 + 137 + 11 =

c) 5678 + 3547 + 222 =

Übung 2

Berechne möglichst geschickt, indem du das Assoziativgesetz verwendest.

a) 247 + (53 + 129) =

b) (1829 + 14) + 5136 =

c) 275 + (25 + 187) + 13 =

Übung 3

Berechne möglichst geschickt, indem du beide Gesetze verwendest.

a) (454 + 328) + 46 =

b) 785 + (139 + 15) + 51 =

c) 17 + 29 + 13 + (11 + 86) + 14 =

Übung 4

Zeige jeweils an einem selbst gewählten Zahlenbeispiel, dass das Kommutativ- und das Assoziativgesetz bei der Subtraktion nicht gelten.

Übung 5

Berechne.

a) 90 – 35 – 17 =

b) 90 – (35 + 17) =

c) 90 – (35 – 17) =

d) 90 – 35 + 17 =

Übung 6

Berechne wie im Beispiel 2.

a) 23 + 56 – 42 – 17 + 31 – 12 =

b) 158 – 79 + 112 – 141 – 14 + 542 =

c) 789 – 438 + 1582 + 564 – 1791 + 5687 – 1475 =

6 Aufstellen von Termen

In der Mathematik bezeichnet man Zahlen, Platzhalter und alle daraus gebildeten Rechenausdrücke als Terme. Für größere Terme benötigt man in der Regel Klammern. Was in Klammern steht, wird zuerst berechnet. Bei mehreren ineinander geschachtelten Klammern beginnt man bei der innersten und schreibt die Teile der Rechnung, bei denen man noch nichts rechnen konnte, unverändert ab. Kommen in einem Term keine Klammern vor, rechnet man von links nach rechts.

Beispiele

147 + [(568 + 157) – (4193 – 3589)] = 147 + [725 – 604]
= 147 + 121 = 268

Beim Aufstellen von Termen musst du auf die richtige Reihenfolge achten:
Addiere die Zahl 17 zur Summe der Zahlen 25 und 13:
(25 + 13) + 17
aber:
Addiere zur Zahl 17 die Summe der Zahlen 25 und 13:
17 + (25 + 13)

Übung 1

Berechne.

a) 354 + (1256 – 985) =

b) (2347 – 1251) – (245 – 139) =

c) 5648 – [(158 + 753) + 254] =

d) (6231 – 1489) – 2874 + 1557 =

e) [135 + (564 – 329)] – [17 + (234 – 56) – 153] =

Übung 2

Stelle zuerst einen Term auf und berechne diesen dann.

a) Subtrahiere die Summe aus 123 und 475 von 1568.

b) Addiere die Differenz aus 427 und 285 zu 1894.

c) Addiere zur Summe der Zahlen 125 und 16 die Differenz von 146 und 23.

d) Subtrahiere die Differenz der Zahlen 5631 und 4567 von der Summe aus 723 und 467.

e) Addiere zu 46 eine Differenz, deren Minuend die Summe aus 34 und 57 und deren Subtrahend die Differenz aus 57 und 23 ist.

Übung 3

Ein Gymnasium hatte zu Beginn des letzten Schuljahres 946 Schüler. Im Laufe des Jahres verließen 43 Schüler die Schule und 37 traten neu ein. Im Frühjahr verließen 56 Abiturienten die Schule.
Wie viele Schüler hat das Gymnasium zu Beginn des neuen Schuljahres, wenn sich 127 Schüler für die 5. Klasse angemeldet haben?

Übung 4

Das Münchner Olympiastadion fasst 63 000 Zuschauer. Beim Spiel von 1860 München gegen den FC Bayern war das Stadion ausverkauft. 13 500 Karten gingen an die Zuschauer mit Jahreskarte. Zusätzlich wurden im Vorverkauf 25 600 Karten an Bayern-Fans und 18 220 Karten an Löwen-Fans verkauft. Zu Beginn des Spiels standen 19 870 Fans vor den Kassen Schlange, um noch eine Karte zu bekommen.
Berechne, wie viele Personen keine Karte erhielten.

7 Multiplikation

Die Multiplikation ist eine Kurzschreibweise für die Addition gleicher Summanden: $3 + 3 + 3 + 3 = 4 \cdot 3$. Dabei gelten folgende Begriffe:

Produkt:	4	·	3	=	12
	1. Faktor		2. Faktor		Wert des Produkts

Beispiel

Beim schriftlichen Multiplizieren musst du auf eine saubere Schreibweise untereinander achten (Kästchen ausnutzen und evtl. Endnullen anhängen).

```
345·159
-------
  34500
  17250
   3105
-------
  54855
```

Bei der Multiplikation gelten ebenfalls das Kommutativ- und das Assoziativgesetz.

Kommutativgesetz: $a \cdot b = b \cdot a$

Assoziativgesetz: $(a \cdot b) \cdot c = a \cdot (b \cdot c) = a \cdot b \cdot c$

a, b und c sind beliebige natürliche Zahlen

Mit Hilfe des Kommutativgesetzes kannst du beim schriftlichen Multiplizieren leichter rechnen, indem du den Faktor als Zweites schreibst, der kürzer ist, mehr Einser, Nullen und gleiche Ziffern enthält.

Übung 1

Berechne möglichst geschickt, indem du das Kommutativgesetz verwendest.

a) $837 \cdot 3 =$

b) $56 \cdot 12 =$

c) $102 \cdot 493 =$

d) $511 \cdot 765 =$

e) $5632 \cdot 3371 =$

f) $5501 \cdot 3782 =$

Übung 2

Berechne möglichst geschickt, indem du das Assoziativgesetz verwendest.

a) $2 \cdot (5 \cdot 29) =$ ____

b) $4 \cdot (25 \cdot 17) =$ ____

c) $(37 \cdot 8) \cdot 125 =$ ____

d) $(417 \cdot 50) \cdot 20 =$ ____

e) $5 \cdot (200 \cdot 125) \cdot 8 =$ ____

f) $41 \cdot 250 \cdot 4 =$ ____

Übung 3

Berechne möglichst geschickt, indem du beide Gesetze verwendest.

a) $(50 \cdot 87) \cdot 20 =$ ____

b) $(247 \cdot 125) \cdot (2 \cdot 8) =$ ____

c) $4 \cdot (47 \cdot 25) \cdot 17 =$ ____

d) $20 \cdot 4 \cdot 25 \cdot 5 =$ ____

e) $(125 \cdot 50) \cdot 8 \cdot 2 =$ ____

f) $5 \cdot (25 \cdot 125) \cdot 4 \cdot 8 =$ ____

Übung 4

Wie ändert sich der Wert eines Produkts, wenn man

a) beide Faktoren verdoppelt?

____

b) den ersten Faktor verdoppelt und den zweiten Faktor halbiert?

____

c) den ersten Faktor verdoppelt und den zweiten Faktor verdreifacht?

____

Übung 5

In drei Häusern leben jeweils vier Katzen. Jede Katze fängt am Tag fünf Mäuse. Jede Maus isst wiederum sechs Ähren Getreide. Aus jeder Ähre können sieben Gramm Mehl gewonnen werden.
Wie viel Gramm ergibt das insgesamt?

____

____

8 Die Potenzschreibweise

Das Produkt gleicher Faktoren lässt sich kürzer schreiben:
$3 \cdot 3 \cdot 3 \cdot 3 = 3^4$. 3^4 heißt Potenz und wird „drei hoch vier" gesprochen. 3 heißt Grundzahl oder Basis und gibt an, welcher Faktor multipliziert wird. 4 heißt Hochzahl oder Exponent und gibt an, wie oft der Faktor 3 vorkommt.

Beachte

$2^5 = 2 \cdot 2 \cdot 2 \cdot 2 \cdot 2 = 32$ ist nicht das Gleiche wie $2 \cdot 5 = 10$
$2^5 = 2 \cdot 2 \cdot 2 \cdot 2 \cdot 2 = 32$ ist nicht das Gleiche wie $5^2 = 5 \cdot 5 = 25$

Beispiele

Potenzen mit der Grundzahl Zehn heißen Zehnerpotenzen:
$10^2 = 10 \cdot 10 = 100$
$10^3 = 10 \cdot 10 \cdot 10 = 1000$
$10^4 = 10 \cdot 10 \cdot 10 \cdot 10 = 10\,000$

Dabei ist die Anzahl der Nullen gleich der Zahl im Exponenten.
Deshalb gilt: $10^1 = 10$ und $10^0 = 1$

Mit Hilfe der Zehnerpotenzen lassen sich große Zahlen kürzer schreiben:
$7\,000\,000 = 7 \cdot 1\,000\,000 = 7 \cdot 10^6$

Übung 1

Schreibe als Potenz.

a) $5 \cdot 5 \cdot 5 =$

b) $7 \cdot 7 \cdot 7 \cdot 7 \cdot 7 \cdot 7 =$

c) $3 \cdot 5 \cdot 5 \cdot 5 \cdot 3 \cdot 3 \cdot 5 =$

d) $25 =$

e) $49 =$

f) $27 =$

Übung 2

Schreibe als Produkt und berechne.

a) $5^3 =$

b) $4^4 =$

c) $7^4 =$

Übung 3

Potenzen mit dem Exponenten 2 bezeichnet man als Quadratzahlen, z. B. $25^2 = 25 \cdot 25 = 625$. Anstatt „fünfundzwanzig hoch zwei" sagt man auch „fünfundzwanzig Quadrat".

Schreibe alle Quadratzahlen mit einer Basis zwischen 1 und 20.

Übung 4

Schreibe folgende große Zahlen mit Hilfe einer Zehnerpotenz.

a) 30 000 = ___

b) 6 100 000 = ___

c) 780 000 000 = ___

Übung 5

Berechne.

a) $3^2 \cdot 6^2 =$ ___

b) $3^2 + 4^3 =$ ___

c) $5^3 + 2^6 =$ ___

d) $(3 + 3^2)^2 =$ ___

e) $7^2 + 7^3 =$ ___

f) $(2^3 + 12) \cdot 8^3 =$ ___

Übung 6

Welche Zahl kann man an Stelle von $\square$ einsetzen?

a) $3^2 + 4^2 = \square^2$

b) $5^2 + \square^2 = 13^2$

c) $\square^3 = 64$

d) $2^{\square} = 32$

9 Division

Bei der Division gelten folgende Begriffe:

Quotient:	28	:	7	=	4
	Dividend		Divisor		Wert des Quotienten

Bei der schriftlichen Division betrachtest du die ersten Ziffern des Dividenden und schaust, wie oft der Divisor enthalten ist. Im Beispiel ist 98 viermal in 462 enthalten. Das Produkt 4 · 98 = 392 wird von 462 subtrahiert, die nächste Ziffer an das Ergebnis angehängt und mit der sich ergebenden Zahl 705 wieder von vorne begonnen. Geht die Divisionsrechnung mit der letzten Ziffer nicht auf, so schreibst du den verbleibenden Rest, der immer kleiner als der Divisor ist, hinter das Ergebnis. Mit einer Multiplikationsprobe kannst du überprüfen, ob du richtig gerechnet hast.

Beispiele

```
 46256:98=472
-392
  705
 -686
   196
  -196
     0
```

Probe: 472 · 98 = 46 256

```
 6192:68=91 Rest 4
-612
   72
  -68
    4
```

Probe: 91 · 68 + 4 = 6188 + 4 = 6192

Übung 1

Berechne.

a) 204 : 12 =

b) 6968 : 67 =

c) 69 741 : 567 =

d) 285 852 : 332 =

e) 787 696 : 541 =

f) 9 751 588 : 4523 =

Übung 2

Bestimme den Rest.

a) 400 : 31 = ______
Rest: ______

b) 777 : 28 = ______
Rest: ______

c) 358 : 67 = ______
Rest: ______

d) 5489 : 21 = ______
Rest: ______

e) 12 689 : 561 = ______
Rest: ______

f) 67 851 : 12 = ______
Rest: ______

Übung 3

Berechne und überprüfe dein Ergebnis mit einer Multiplikationsprobe.

a) 1755 : 39 = ______ Probe: ______

b) 14 637 : 41 = ______ Probe: ______

c) 2050 : 33 = ______ Probe: ______

Übung 4

Welche Ziffern gehören in die Lücken?

```
 688_:5_=1_3
-5_
 12_
-112
  ___
 -168
    0
```

```
___5:__=35
-135
  22_
 -___
    0
```

Übung 5

Eine Schulklasse mit 32 Schülern fährt ins Landschulheim. Für den Bus müssen insgesamt 240 € bezahlt werden, Unterkunft und Verpflegung kosten für die ganze Gruppe 3408 €.
Wie viel muss jeder Schüler zahlen?

Jeder Schüler muss ______ € zahlen.

Übung 6

In einem Öltank befinden sich 6000 Liter Heizöl.
Wie viele ganze Tage reicht das Öl, wenn täglich durchschnittlich 43 Liter verbraucht werden?

Das Öl reicht für ______ Tage.
Dann bleiben noch ______ Liter übrig.

10 Besonderheiten bei der Multiplikation und Division

Bei der Multiplikation und der Division mit der Zahl 0 musst du folgende Besonderheiten beachten (a ist eine beliebige natürliche Zahl):

Multiplikation mit 0:	$a \cdot 0 = 0$
Division mit 0:	$0 : a = 0$
	$a : 0$ geht nicht
	$0 : 0$ geht nicht

Also unbedingt merken: **Durch Null kann man nicht dividieren!**

Bei der Multiplikation einer Zahl mit einer Summe oder Differenz gibt es durch die Distributivgesetze zwei Möglichkeiten zu rechnen. Welche Möglichkeit einfacher ist, hängt von der Aufgabenstellung ab.

Distributivgesetze:
$a \cdot (b + c) = a \cdot b + a \cdot c$
$a \cdot (b - c) = a \cdot b - a \cdot c$
(a, b und c sind beliebige natürliche Zahlen)

Zahlenbeispiele:
$3 \cdot (4 + 5) = 3 \cdot 9 = 27$ und $3 \cdot 4 + 3 \cdot 5 = 12 + 15 = 27$
$7 \cdot (9 - 6) = 7 \cdot 3 = 21$ und $7 \cdot 9 - 7 \cdot 6 = 63 - 42 = 21$

Beispiele

Mit Hilfe der Distributivgesetze lässt sich oft einfacher rechnen.
$23 \cdot 176 + 23 \cdot 24 = 23 \cdot (176 + 24) = 23 \cdot 200 = 4600$
$63 \cdot 99 = 63 \cdot (100 - 1) = 63 \cdot 100 - 63 \cdot 1 = 6237$

Übung 1

Berechne durch Anwenden des Distributivgesetzes auf zwei verschiedene Arten.

a) $5 \cdot (15 + 3) =$
oder

b) $37 \cdot (56 + 12) =$
oder

c) $21 \cdot (10 + 5) =$
oder

Übung 2

Berechne mit Hilfe des Distributivgesetzes möglichst einfach.

a) $567 \cdot 123 + 567 \cdot 77 =$

b) $345 \cdot 512 - 345 \cdot 12 =$

c) $869 \cdot 498 + 112 \cdot 869 =$

d) $193 \cdot 256 + 256 \cdot 254 + 256 \cdot 113 =$

e) $786 \cdot 199 =$

f) $652 \cdot 998 =$

Übung 3

Gib, falls möglich, die Werte der folgenden Terme an.

a) $222 \cdot (222 : 222) =$

b) $333 : (333 - 333) =$

c) $444 - 444 : 444 =$

d) $555 \cdot 555 \cdot (555 - 555) =$

e) $(666 : 666 - 1) : 666 =$

f) $(0 : 121) : (11 \cdot 11 - 121) =$

Übung 4

Berechne. Was stellst du fest?

a) $370 : 10 =$

b) $7800 : 100 =$

c) $67\,000 : 1000 =$

d) $8\,100\,000 : 1000 =$

e) $45\,000 : 5000 =$

f) $72\,000 : 900 =$

Feststellung:

11 Alles zusammen

Bei umfangreicheren Rechenaufgaben ist auf die richtige Reihenfolge der Rechenschritte zu achten.
Es gilt: **Klammern vor Potenzen vor Punkt vor Strich**
Merke dir außerdem: Was noch nicht zum Rechnen dran, schreibe unverändert an.

Beispiel

Addiere zum Produkt aus 7 und 13 die Differenz der Zahlen 128 und 74 und dividiere das Ergebnis durch 5.
$[7 \cdot 13 + (128 - 74)] : 5 = [91 + 54] : 5 = 145 : 5 = 29$

Übung 1

Berechne.

a) $12 \cdot 24 + (139 - 13) =$

b) $47 + 13 \cdot (28 - 72 : 4) =$

c) $(13 \cdot 11 + 153 : 9) \cdot 27 =$

d) $6 \cdot \{[(13 + 7 \cdot 9) : 2 + 2] + 8\} =$

e) $7^3 + (192 + 8 \cdot 16) : 4 + 1 =$

f) $4000 + 2000 \cdot [2773 : 47 - (1612 - 1598)] =$

Übung 2

Stelle einen Term auf und berechne.

a) Dividiere das Produkt aus 23 und 36 durch die Summe aus 13 und 5.

b) Multipliziere die doppelte Summe aus 26 und 47 mit der Differenz der Zahlen 273 und 189.

c) Dividiere das Quadrat aus 12 durch den Quotienten der Zahlen 192 und 32.

d) Addiere zu 235 eine Differenz, deren Minuend 2582 und deren Subtrahend das Produkt aus 17 und 31 ist.

e) Subtrahiere die Summe aus 33 und 44 vom Produkt dieser Zahlen.

f) Multipliziere 45 mit einem Quotienten, dessen Divisor die Differenz aus 16 und 8 ist und dessen Dividend das Produkt aus 16 und 8 ist.

Übung 3

Setze jeweils eine Klammer, so dass die Rechnung richtig wird.

a) $12 \cdot 56 - 4 = 624$

b) $4704 : 98 - 8 \cdot 3 = 120$

c) $199 + 17 \cdot 28 - 16 \cdot 24 = 5664$

Übung 4

Klaus kauft zum Schulanfang zwölf große Hefte, von denen eines 65 Cent kostet und zu jedem Heft einen farbigen Umschlag zu je 45 Cent. Außerdem benötigt er einen neuen Füller, der 12 € kostet und drei Päckchen Tintenpatronen zu je 1 €. Seine Mutter gibt im 30 € mit. Auf dem Heimweg kauft Klaus sich vom restlichen Geld ein Eis. **Wie viele Kugeln erhält er, wenn eine Kugel 60 Cent kostet?**

Übung 5

In einem Mehrfamilienhaus wohnen im Erdgeschoss acht Personen. Im ersten Stock sind es drei Personen weniger als im zweiten Stock, in dem doppelt so viele Menschen leben wie im Erdgeschoss.
Wie viele Einwohner hat das Haus?

Übung 6

Herr Schnell kauft sich ein neues Auto für 18 900 €. Er zahlt 7100 € in bar an und möchte den Restbetrag in 20 Monatsraten abzahlen. Nach acht Monaten kann er zusätzlich 1080 € zahlen.
Wie hoch sind danach die restlichen Raten?

12 Längeneinheiten

Eine Größe setzt sich aus einer Maßzahl und einer Einheit zusammen. Größen bestimmt man durch Messen. Dabei vergleicht man, wie oft eine festgelegte Einheit in der zu messenden Größe enthalten ist. Für die Längenmessung wurde die Länge „1 Meter" durch das Urmeter in Paris festgelegt. Davon abgeleitet gibt es folgende Längeneinheiten:

Millimeter:	1 mm
Zentimeter:	1 cm = 10 mm
Dezimeter:	1 dm = 10 cm
Meter:	1 m = 10 dm = 100 cm
Kilometer:	1 km = 1000 m

Beispiel

Um Größen addieren und subtrahieren zu können, müssen sie die gleiche Einheit besitzen. Daher musst du vor dem Rechnen alle Größen in die kleinste vorkommende Einheit umwandeln.

13 m 89 cm – (8 m 1 dm 2 cm + 45 dm) = 1389 cm – (812 cm + 450 cm)
= 1389 cm – 1262 cm
= 127 cm = 1 m 27 cm

Übung 1

Schreibe in der angegebenen Einheit.

a) 21 cm = ____ mm
b) 32 m = ____ mm
c) 3 km 15 m = ____ dm
d) 20 km 15 dm = ____ cm
e) 78 000 cm = ____ m
f) 125 000 mm = ____ dm

Übung 2

Schreibe in gemischten Einheiten (z. B.: 123 cm = 1 m 2 dm 3 cm).

a) 103 mm ____
b) 1250 cm ____
c) 100 116 dm ____
d) 98 523 cm ____
e) 307 882 mm ____
f) 500 127 m ____

Übung 3

Schreibe in der kleinsten vorkommenden Einheit.

a) 5 m 7 cm

b) 2 dm 3 mm

c) 3 km 40 m

d) 9 m 7 mm

e) 3 km 2 dm 9 mm

f) 112 km 7 dm

Übung 4

Berechne.

a) 4 dm + 47 cm

b) 254 m + 320 m + 875 m

c) 34 m + 34 dm + 34 cm

d) 87 m – 145 cm

e) 14 m 12 cm + (815 cm – 2 m 7 dm)

f) 37 km 12 m – (942 m – 12 m 7 cm)

Übung 5

Claudia und Sabine planen eine 310 km lange Radtour. Am ersten Tag fahren sie 75 km. Am zweiten Tag schaffen sie 12 km mehr und am dritten Tag 8 km weniger als am ersten Tag.
Wie viele Kilometer müssen sie am letzten Tag noch zurücklegen?

Übung 6

Auf einer Drahtrolle sind 35 m Draht aufgewickelt. An einen Kunden wird zuerst ein 7 m 35 cm langes Stück und später werden zwei 37 dm lange Stücke verkauft.
Wie viel Draht ist danach noch auf der Rolle?

Übung 7

Klaus will eine 2 m 10 cm lange Holzleiste in 15 cm lange Stücke zersägen.
Wie oft muss er sägen?

⑬ Gewichte

Die wichtigsten Gewichtseinheiten sind:

Milligramm	1 mg
Gramm	1 g = 1000 mg
Kilogramm	1 kg = 1000 g
Tonne	1 t = 1000 kg

Außerdem werden häufig noch die alten Einheiten Pfund (1 Pfd. = 500 g), Zentner (1 Ztr. = 50 kg) und Doppelzentner (1 dz = 100 kg) verwendet.

Beispiele

Beim Dividieren von Größen muss man darauf achten, ob durch eine Zahl oder eine Größe dividiert wird.

2 kg Gummibärchen werden in 16 Tüten aufgeteilt. Wie schwer ist jede Tüte?
2 kg : 16 = 2000 g : 16 = 125 g
Hier teilt man eine Größe (2000 g) durch eine Zahl (16). Als Ergebnis erhält man dann eine Größe (125 g).
Also gilt: **Größe : Zahl = Größe**

2 kg Gummibärchen werden in 250 g schwere Tüten aufgeteilt. Wie viele solche Tüten erhält man?
2 kg : 250 g = 2000 g : 250 g = 8
Hier wird eine Größe (2000 g) durch eine andere Größe (250 g) geteilt. Dazu müssen beide Größen die gleiche Einheit haben. Das Ergebnis ist dann eine Zahl (8).
Es gilt also: **Größe : Größe = Zahl**

Übung 1

Schreibe in der angegebenen Einheit.

a) 55 t = ______ kg

b) 12 kg 500 g = ______ g

c) 30 g = ______ mg

d) 750 kg = ______ Ztr.

e) 2 kg 500 g = ______ Pfd.

f) 1 t 10 kg 100 g = ______ mg

Übung 2

Ordne die folgenden Gewichte der Größe nach.

a) 40 kg; 41 500 g; 39 t; 42 kg 500 g

b) 3 kg 700 g; 3 t 600 mg; 380 000 mg; 39 000 g

Übung 3

Berechne.

a) 47 g + 568 g

b) 5 kg 56 g – 259 g

c) 4 · (2 t 256 kg + 4 t 786 kg)

d) (470 kg + 2560 g) : 5

e) (44 g 25 mg – 456 mg) : 9 mg

f) 50 t : 5 kg – 48 mg : 4 mg

Übung 4

Familie Reise fährt mit ihrem Auto in Urlaub. Das Auto wiegt leer 1020 kg, das zulässige Gesamtgewicht ist 1550 kg. Herr Reise wiegt 76 kg, seine Frau 58 kg und die Kinder 35 kg und 43 kg.
Wie viel kg an Gepäck dürfen sie noch mitnehmen?

Übung 5

Ein Behälter wiegt leer 4 kg 600 g und mit Schrauben gefüllt 13 kg. Eine Schraube wiegt 15 g.
Wie viele Schrauben sind in dem Behälter?

Übung 6

Claudia möchte wissen, wie viel sie jeden Tag in die Schule schleppen muss. Ihre leere Schultasche wiegt 1450 g, alle Bücher zusammen 2 kg 18 g, ihr Mäppchen 280 g und die Brotzeit 210 g. Außerdem hat sie 12 Hefte dabei, von denen eines 65 g wiegt.
Kann sie ihr 350 g schweres Stofftier auch noch einpacken, wenn sie insgesamt nicht mehr als 5 kg tragen will?

14 Zeiten

Die wichtigsten Zeiteinheiten sind:

Sekunde	1 s
Minute	1 min = 60 s
Stunde	1 h = 60 min = 3600 s
Tag	1 d = 24 h

Beispiel 1

Beim Umwandeln von Sekunden in Minuten musst du die Sekunden durch 60 teilen. Das Ergebnis gibt die Minuten an. Bleibt bei der Division ein Rest, sind dies die verbleibenden Sekunden. Genauso musst du vorgehen, wenn du Minuten in Stunden umrechnen willst.

8652 s = (8652 : 60) min = 144 min 12 s = 2 h 24 min 12 s

2 h 15 min 47 s = 135 min + 47 s = 135 · 60 s + 47 s
= 8100 s + 47 s = 8147 s

Beispiel 2

Da das Umrechnen in eine andere Zeiteinheit kompliziert ist, ist es beim Rechnen mit Zeiten in der Regel einfacher, wenn du nach Einheiten getrennt rechnest. Beim Subtrahieren musst du in manchen Fällen zuerst eine Stunde in 60 Minuten umwandeln, um rechnen zu können.

17 d 12 h 54 min + 2d 18 h 48 min = 19 d 30 h 102 min
= 20 d 7 h 42 min

15 h 11 min – 3 h 35 min = 14 h 71 min – 3 h 35 min
= 11 h 36 min

Beispiel 3

Frau Schmitt betrat um 10.49 Uhr die Arztpraxis und kam erst um 12.13 Uhr ins Sprechzimmer des Arztes. Wie lange musste sie warten?

	11 min		1 h		13 min	
10.49 Uhr	→	11.00 Uhr	→	12.00 Uhr	→	12.13 Uhr

Sie musste 11 min + 1 h + 13 min = 1 h 24 min warten.

Übung 1

Wandle in die angegebene Einheit um.

a) 4 min = ____ s
b) 12 h = ____ min
c) 3 h 48 min = ____ min
d) 5 h 12 min = ____ s
e) 168 h = ____ d
f) 840 s = ____ min
g) 7860 s = ____ h ____ min
h) 29 362 s = ____ h ____ min ____ s

Übung 2

Ordne der Größe nach, indem du alle Zeiten auf die gleiche Einheit bringst.

a) 12 min 20 s; 1 h 3 min; 135 s

b) 900 s; 65 min; 1 h 15 min; 73 min 45 s

c) 18 h; 1 d 2 h; 1450 min; 86 000 s

Übung 3

Berechne.

a) 23 h 47 min + 8 h 23 min =
b) 3 h 48 min – 1 h 17 min =
c) 7 d 12 h + 4 d 19 h 56 min + 17 h 37 min =
d) 5 h 24 min – 2 h 49 min =

Übung 4

Herr Stress verlässt morgens um 5.55 Uhr das Haus, um mit dem Zug um 6.08 Uhr von S-Dorf nach A-Stadt zu fahren. Er erreicht A-Stadt um 6.30 Uhr und fährt mit dem Zug um 6.39 Uhr nach M-Stadt weiter, wo er um 7.15 Uhr ankommt. Dort muss er noch 12 Minuten zu Fuß zu seiner Firma gehen.

a) **Wie lange sitzt Herr Stress täglich im Zug?**

b) **Um wie viel Uhr muss er abends von seiner Firma losgehen, wenn er für den Rückweg genauso lange braucht wie für den Hinweg und er um 18.00 Uhr wieder zu Hause sein will?**

15 Geschwindigkeit

Die Geschwindigkeit wird in der Regel in km/h angegeben. Eine Geschwindigkeit von 100 km/h bedeutet, dass in der Zeit 1 h eine Strecke von 100 km zurückgelegt wird (wenn man immer gleich schnell fährt). Für die wichtigen Größen hat man Abkürzungen eingeführt, um nicht so viel schreiben zu müssen: v für Geschwindigkeit, s für Strecke und t für Zeit.

Beispiel

Herr Reise fährt auf der Autobahn in 3 Stunden 405 Kilometer weit. Wie hoch ist seine durchschnittliche Geschwindigkeit?
Um die gesuchte Geschwindigkeit zu berechnen, musst du die Strecke durch die Zeit teilen (kurz: $v = s : t$).
$v = 405\text{ km} : 3\text{ h} = 135\text{ km/h}$

Anschließend fährt er auf der Landstraße zwei Stunden lang mit einer Geschwindigkeit von 93 km/h. Wie weit kommt er?
Um die gesuchte Strecke zu berechnen, musst du die Zeit mit der Geschwindigkeit multiplizieren (kurz: $s = v \cdot t$).
$s = 2\text{ h} \cdot 93\text{ km/h} = 186\text{ km}$

Zum Schluss muss er mit 50 km/h noch 25 Kilometer durch eine Stadt fahren. Wie lange benötigt er dafür?
Um die gesuchte Zeit zu berechnen, musst du allgemein die Strecke durch die Geschwindigkeit teilen (kurz: $t = s : v$). Du kannst dir aber auch überlegen, dass er für 25 km eine halbe Stunde benötigt, wenn er für 50 km eine ganze Stunde braucht.

Übung 1

Berechne jeweils die fehlende Größe.

s	240 km		882 km	10 km	280 km	
t	3 h	6 h			240 min	4 h 30 min
v		75 km/h	126 km/h	60 km/h		90 km/h

Übung 2

Ein Flugzeug benötigt für die 12 600 km lange Strecke von Frankfurt nach New York acht Stunden.

a) **Wie groß ist seine durchschnittliche Geschwindigkeit?**

b) **Wie lange würde ein Fußgänger mit 5 km/h für diese Strecke brauchen?**

Übung 3

Herr Kaufmann kann auf der Autobahn drei Stunden lang mit einer Geschwindigkeit von 128 km/h fahren. Dann kommt er in einen Stau und er fährt zwei Stunden lang nur noch mit einer durchschnittlichen Geschwindigkeit von 52 km/h.
Welche Strecke hat er zurückgelegt?

Übung 4

Familie Schön startet um 7.30 Uhr in ihren Italien-Urlaub. Sie können die 450 km lange Strecke durchschnittlich mit 100 km/h fahren.
Zu welcher Uhrzeit kommen sie an?

Übung 5

Die Erde benötigt für die 149 022 000 km lange Umrundung der Sonne ungefähr ein Jahr (= 365 Tage und 6 Stunden).
Berechne die Geschwindigkeit der Erde in km/h.

16 Maßstab und Verhältnisse

Auf Landkarten wird stets der Maßstab angegeben, in dem die Karten gezeichnet sind. Ein Maßstab von 1 : 200 000 bedeutet, dass 1 cm auf der Karte 200 000 cm = 2 km in Wirklichkeit entspricht. Misst man nun auf der Karte eine Länge von 3 cm, so ist die Strecke in Wirklichkeit auch dreimal so lang, also 3 · 2 km = 6 km.

Beispiele

Klaus möchte zum Bergsteigen. In seiner Karte mit dem Maßstab 1 : 35 000 misst er für den Weg bis zum Gipfel mit dem Lineal 21 cm und 5 mm. Wie lang ist die Strecke, die er laufen muss?

1 cm auf der Karte entspricht 35 000 cm = 350 m in Wirklichkeit.
21 cm auf der Karte entsprechen dann 21 · 350 m = 7350 m.
5 mm auf der Karte entsprechen 350 m : 2 = 175 m.
Er muss also insgesamt 7350 m + 175 m = 7525 m laufen.

Ein derartiger Zusammenhang zwischen zwei Größen kommt häufiger vor, wenn sich die eine Größe verdoppelt oder verdreifacht, so verdoppelt oder verdreifacht sich auch die andere Größe. Kostet beispielsweise eine Kugel Eis 50 Cent, so kosten drei Kugeln auch dreimal so viel. Hat man umkehrt für 40 Liter Benzin 43,20 € bezahlt, so kostet ein Liter auch nur den vierzigsten Teil von 43,20 €, also 4320 Cent : 40 = 108 Cent = 1,08 €.

Übung 1

Ute plant mit einer Karte im Maßstab 1 : 150 000 eine Radtour. Mit einem Lineal misst sie die Längen der einzelnen Tagesabschnitte. Die Strecke des ersten Tages ist auf der Karte 22 cm lang, der zweite Tagesabschnitt 3 dm und die Strecke des dritten Tages 26 cm und 5 mm.

Berechne die Länge der einzelnen Abschnitte und die Gesamtstrecke der Fahrradtour.

Übung 2

Welchen Maßstab hat eine Karte, bei der eine 3 km lange Strecke 6 cm misst?

Übung 3

Die Entfernung München – Berlin beträgt in der Luftlinie ungefähr 500 km.
Wie lang ist diese Strecke auf einer Deutschlandkarte im Maßstab 1 : 2 500 000?

Übung 4

In einer Karte im Maßstab 1 : 50 000 beträgt die Entfernung zwischen A-Stadt und B-Dorf 8 cm.
Wie lang ist diese Strecke auf einer Karte im Maßstab 1 : 80 000?

Übung 5

Im Supermarkt kostet eine Tafel Schokolade 54 Cent.
Wie viel kosten drei Tafeln?

Übung 6

Herr Spar kauft eine Kiste mit zwölf Flaschen Wein für 55,20 €.
Wie viel kostet eine Flasche?

Übung 7

Das Licht legt in einer Sekunde 300 000 km zurück.
Welche Strecke legt es in einer Minute, einer Stunde, einem Tag und einem Jahr (= ein Lichtjahr) zurück?

Übung 8

Im Mittelalter wurden noch andere Längeneinheiten als heute verwendet. Ein Klafter bestand aus drei Ellen. Eine Elle war zwei Fuß und ein Fuß bestand aus zwölf Zoll.
Wie lang war ein Klafter, wenn ein Zoll 24 mm lang war?

17 Gleichungen I

Bei Zahlenrätseln und bestimmten Textaufgaben ist es sinnvoll, für die gesuchte Größe einen Platzhalter (= Variable, meist x) einzuführen und dann die sich ergebende Gleichung zu lösen. Bei Gleichungen mit großen Zahlen kannst du an einer gleichartigen Hilfsgleichung mit kleinen Zahlen überlegen, wie die Gleichung zu lösen ist. Als Test, ob du richtig gerechnet hast, kannst du immer eine Probe machen, indem du die errechnete Lösungszahl in die ursprüngliche Gleichung anstatt x einsetzt.

Beispiel 1

Ein Summand ist in einer Gleichung die unbekannte Zahl:

$x + 5 = 7$	$x + 5258 = 7492$
$x = 7 - 5$	$x = 7492 - 5258$
$x = 2$	$x = 2234$
Probe: $2 + 5 = 7$	Probe: $2234 + 5258 = 7492$

Durch das Kommutativgesetz macht es keinen Unterschied, ob der erste oder zweite Summand unbekannt ist.

Beispiel 2

Der Minuend ist in einer Gleichung die unbekannte Zahl:

$x - 4 = 3$	$x - 4821 = 3567$
$x = 4 + 3$	$x = 4821 + 3567$
$x = 7$	$x = 8388$
Probe: $7 - 4 = 3$	Probe: $8388 - 4821 = 3567$

Beispiel 3

Der Subtrahend ist in einer Gleichung die unbekannte Zahl:

$9 - x = 2$	$9573 - x = 2583$
$x = 9 - 2$	$x = 9573 - 2583$
$x = 7$	$x = 6990$
Probe: $9 - 7 = 2$	Probe: $9573 - 6990 = 2583$

Übung 1

Löse die folgenden Gleichungen.

a) $23 + x = 79$ $x =$

b) $x - 86 = 25$ $x =$

c) $47 - x = 23$ $x =$

d) $x + 564 = 589 + 254$ $x =$

e) $4892 - x = 1538$ $x =$ ____

f) $x + (871 - 652) = 683 + 256$ $x =$ ____

g) $x - 5432 = 8457$ $x =$ ____

h) $7523 - x = 5429 + 431$ $x =$ ____

Übung 2

Stelle zu den Zahlenrätseln eine Gleichung auf, indem du *x* als unbekannte Zahl einsetzt, und löse die Gleichung.

a) Welche Zahl muss man von 127 subtrahieren, um 58 zu erhalten?

____ $x =$ ____

b) Zu welcher Zahl muss man 546 addieren, um 4623 zu erhalten?

____ $x =$ ____

c) Von welcher Zahl muss man 2564 abziehen, um 1867 zu erhalten?

____ $x =$ ____

d) Von welcher Zahl muss man die Summe aus 16 781 und 3156 subtrahieren, um die Differenz aus 13 124 und 4367 zu erhalten?

____ $x =$ ____

e) Wenn man zu einer Zahl 17 addiert und das Ergebnis von 57 subtrahiert, so erhält man 25.

____ $x =$ ____

Übung 3

Bei einem Radiosender müssen die Zuhörer in einem Spiel den Wasserstand einer Badewanne auf dem Dach des Sendegebäudes schätzen. In der Vorwoche stand das Wasser 45 cm hoch in der Wanne. Durch schönes Wetter zu Wochenanfang verdunstete Wasser und der Wasserstand nahm um 13 mm ab. Nach einem heftigen Schauer am Mittwoch stieg er wieder um 15 cm.
Wie viel Wasser verdunstete bis Sonntag, wenn dann der Wasserstand 51 cm betrug?
Stelle eine Gleichung auf und löse sie.

____

$x =$ ____

____

18 Gleichungen II

Beispiel 1

Ein Faktor ist in einer Gleichung die unbekannte Zahl:

$4 \cdot x = 12$
$x = 12 : 4$
$x = 3$

$405 \cdot x = 1620$
$x = 1620 : 405$
$x = 4$

Beispiel 2

Der Dividend ist in einer Gleichung die unbekannte Zahl:

$x : 9 = 3$
$x = 9 \cdot 3$
$x = 27$

$x : 986 = 37$
$x = 986 \cdot 37$
$x = 36\,482$

Beispiel 3

Der Divisor ist in einer Gleichung die unbekannte Zahl:

$56 : x = 7$
$x = 56 : 7$
$x = 8$

$549 : x = 61$
$x = 549 : 61$
$x = 9$

Beispiel 4

In umfangreicheren Gleichungen musst du zuerst alle Rechnungen ausführen, die du gleich rechnen darfst (auf Punkt vor Strich achten!). Danach kann es sein, dass du zweimal eine Gleichung lösen musst, um x zu erhalten.

$17 \cdot x + (47 - 19) = 48 + 31$
$(17 \cdot x) + 28 = 79$

(zuerst musst du nach dem 1. Summanden $17 \cdot x$ auflösen)

$17 \cdot x = 79 - 28$
$17 \cdot x = 51$

(erst jetzt kannst du nach dem unbekannten Faktor x auflösen)

$x = 51 : 17$
$x = 3$

Probe: $17 \cdot 3 + 28 = 79$

Übung 1

Löse die folgenden Gleichungen.

a) $156 \cdot x = 3588$ $x =$

b) $x : 28 = 75$ $x =$

c) $568 : x = 71$ $x =$

d) $x \cdot (332 - 145) = 17 \cdot 11$ $x =$

e) $x : (13 + 14) = 189 : 7$ $x =$

f) $(x + 17) \cdot 25 = 3750$ $x =$

g) $270 : x - 25 = 160 : 8$ $x =$

h) $(x - 56) : (23 + 34) = 256$ $x =$

Übung 2

Stelle eine Gleichung auf und löse sie.

a) Welche Zahl muss man durch 17 dividieren, um 51 zu erhalten?

$x =$

b) Mit welcher Zahl muss man 53 multiplizieren, um 4717 zu erhalten?

$x =$

c) Durch welche Zahl muss man 441 dividieren, um 63 zu erhalten?

$x =$

d) Welche Zahl muss man mit der Summe aus 8234 und 583 multiplizieren, um die Differenz aus 490 und 47 zu erhalten?

$x =$

Übung 3

Klaus denkt sich eine Zahl. Wenn er diese Zahl mit 5 multipliziert und dann die Summe aus 47 und 43 subtrahiert, erhält er den Quotienten aus 420 und 28.
Welche Zahl hat Klaus sich gedacht?

$x =$

Übung 4

Ein Vater verteilt an seine drei Kinder Salzstangen. Jedes Kind erhält 24 Stück. Vom Rest isst er den vierten Teil selbst.
Wie viele Salzstangen waren in der Packung, wenn der Vater 11 Stück bekommt? Stelle eine Gleichung auf und löse sie.

$x =$

19 Ungleichungen

Ungleichungen erkennst du an den Zeichen < (kleiner), > (größer), ≤ (kleiner oder gleich), ≥ (größer oder gleich) oder ≠ (ungleich). Bei manchen Aufgaben stehen nicht alle Zahlen zum Lösen der Ungleichung zur Verfügung. Diejenigen Zahlen, die man für die Variable einsetzen darf, stehen in der Grundmenge $\mathbb{G}$. Die Zahlen aus der Grundmenge, die die Ungleichung dann tatsächlich lösen, schreibt man in die Lösungsmenge $\mathbb{L}$.

Ungleichungen löst du am einfachsten, indem du das Ungleichheitszeichen durch ein Gleichheitszeichen ersetzt und die entstandene Gleichung löst. Hast du die Lösungszahl der Gleichung, die so genannte Grenzzahl, musst du dir überlegen, ob die Lösungszahlen der Ungleichung kleiner oder größer als diese Grenzzahl sind, ob die errechnete Grenzzahl ebenfalls eine Lösung ist und ob die Lösungsmenge noch durch eine weitere Zahl begrenzt wird.

Beispiel 1

$\mathbb{G} = \mathbb{N}$

$(345 + 47) - x > 23 \cdot 12$

$(345 + 47) - x = 23 \cdot 12$

$392 - x = 276$

$x = 392 - 276$

$x = 116$

$\mathbb{L} = \{1; 2; 3; \ldots; 115\}$

Wäre als Grundmenge die Menge $\mathbb{G} = \{10; 20; 30; \ldots\}$ gegeben, so würde man bei der gleichen Aufgabe die Lösungsmenge $\mathbb{L} = \{10; 20; 30; \ldots; 110\}$ erhalten, da nur Zahlen in der Lösungsmenge vorkommen dürfen, die auch in der Grundmenge enthalten sind.

Beispiel 2

Bei einer Doppelungleichung sind zwei Ungleichungen zusammengefasst. Zum Lösen muss man die Doppelungleichung in zwei getrennte Ungleichungen aufspalten, diese lösen und für die endgültige Lösungsmenge überprüfen, welche Zahlen die Lösungsmengen $\mathbb{L}_1$ und $\mathbb{L}_2$ gemeinsam haben.

$$1378 < x - 137 \leq 1584$$

$1378 < x - 137$	$x - 137 \leq 1584$
$1378 = x - 137$	$x - 137 = 1584$
$x = 1378 + 137$	$x = 1584 + 137$
$x = 1515$	$x = 1721$
$\mathbb{L}_1 = \{1516; 1517; 1518; \ldots\}$	$\mathbb{L}_2 = \{137; 138; \ldots; 1721\}$

$$\mathbb{L}_{ges} = \{1516; 1517; \ldots; 1721\}$$

Übung 1

Gib bei folgenden Ungleichungen die Lösungsmenge zu der angegebenen Grundmenge an.

a) $x + 28 < 152$ $\mathbb{G} = \{2; 4; 6; 8; \ldots\}$ $\mathbb{L} =$

b) $238 - x \leq 185$ $\mathbb{G} = \mathbb{N}$ $\mathbb{L} =$

c) $x - 2594 > 586$ $\mathbb{G} = \{1; 3; 5; 7; 9; \ldots\}$ $\mathbb{L} =$

d) $738 < x + 492$ $\mathbb{G} = \{10; 20; 30; 40; \ldots\}$ $\mathbb{L} =$

Übung 2

Gib bei folgenden Doppelungleichungen die Lösungsmenge an ($\mathbb{G} = \mathbb{N}$).

a) $47 < x \leq 140$ $\mathbb{L} =$

b) $12 \leq x - 5 < 15$ $\mathbb{L} =$

c) $237 < x + 184 < 943$ $\mathbb{L} =$

d) $549 \geq x - 128 > 349$ $\mathbb{L} =$

e) $423 \leq 867 - x \leq 756$ $\mathbb{L} =$

20 Teilbarkeit

Bei der Division ist es oft nützlich zu wissen, ob die Rechnung aufgeht. Bleibt bei der Division von a durch b kein Rest, so sagt man, a ist durch b teilbar bzw. b ist ein Teiler von a bzw. a ist ein Vielfaches von b. Ist b ein Teiler von a, so schreibt man $b \mid a$, ansonsten $b \nmid a$. Bei vielen Zahlen lässt sich gleich auf den ersten Blick feststellen, durch welche Zahlen sie teilbar sind.

Eine Zahl ist genau dann teilbar durch

2, wenn die letzte Ziffer gerade ist, also 0, 2, 4, 6, 8,

5, wenn die letzte Ziffer eine 0 oder eine 5 ist,

10, wenn die letzte Ziffer eine 0 ist,

25, wenn die letzen beiden Ziffern 00, 25, 50 oder 75 sind,

4, wenn die aus den letzten beiden Ziffern gebildete Zahl durch 4 teilbar ist,

8, wenn die aus den letzten drei Ziffern gebildete Zahl durch 8 teilbar ist,

3, wenn die Quersumme der Zahl (= Summe aller Ziffern) durch 3 teilbar ist,

9, wenn die Quersumme der Zahl durch 9 teilbar ist.

Beispiele

2520 ist durch 2, 5 und 10 teilbar, weil die letzte Ziffer eine 0 ist.

2520 ist durch 4 teilbar, weil 20 durch 4 teilbar ist.

2520 ist durch 8 teilbar, weil 520 durch 8 teilbar ist.

2520 ist durch 3 und 9 teilbar, weil die Quersumme (2 + 5 + 2 + 0 = 9) durch 3 und 9 teilbar ist.

2520 ist durch 6 teilbar, weil alle Zahlen, die durch 2 und 3 teilbar sind, auch durch 6 teilbar sind.

2520 ist durch 7 teilbar. Dafür gibt es aber keine Regel, sondern du musst es durch Nachrechnen herausfinden.

Übung 1

Kreuze in der folgenden Tabelle alle Teiler an.

ist teilbar durch	2	3	4	5	6	7	8	9	10
48									
52									
72									
156									
256									
494									
1480									
20 048									
301 812									

Übung 2

Gib alle Teiler an.

a) 30 $\mathbb{T}_{30}$ =

b) 99 $\mathbb{T}_{99}$ =

c) 150 $\mathbb{T}_{150}$ =

Übung 3

Gib alle Ziffern an, die man in die Lücke schreiben kann, damit eine wahre Aussage entsteht.

a) 2 | 254_

b) 3 | 24_1

c) 4 | 51_4

d) 6 | 984_

21 Die Primfaktorzerlegung

Alle Zahlen, die genau zwei Teiler haben (die 1 und die Zahl selbst), bezeichnet man als Primzahlen. Die ersten Primzahlen sind 2, 3, 5, 7, 11, 13, 17, 19, 23, 29, 31, 37. (Beachte, dass 1 keine Primzahl ist!). Um herauszufinden, ob eine Zahl eine Primzahl ist, musst du überprüfen, ob sie durch eine Primzahl teilbar ist. Dabei genügt es, die Primzahlen zu testen, deren Quadrat kleiner als die zu untersuchende Zahl ist.

Beispiel

Um zu überprüfen, ob 137 ein Primzahl ist, musst du schauen, ob sie durch 2, 3, 5, 7 oder 11 teilbar ist. 13 muss nicht mehr überprüft werden, da $13^2 = 169 > 137$. Nach den Teilbarkeitsregeln ist 137 nicht durch 2, 3 und 5 teilbar. Durch Nachrechnen ergibt sich, dass 7 und 11 auch keine Teiler von 137 sind. Also ist 137 eine Primzahl.

Jede Zahl lässt sich als ein Produkt schreiben, bei dem alle Faktoren Primzahlen sind. Diese Schreibweise ist eindeutig und wird als Primfaktorzerlegung der Zahl bezeichnet. Gleiche Primfaktoren schreibt man dabei in der Regel als Potenz.

Beispiele

$2580 = 10 \cdot 258 = 2 \cdot 5 \cdot 2 \cdot 129 = 2 \cdot 5 \cdot 2 \cdot 3 \cdot 43 = 2^2 \cdot 3 \cdot 5 \cdot 43$

Mit Hilfe der Primfaktorzerlegung kannst du leicht sämtliche Teiler einer Zahl finden. Dazu musst du alle Produkte berechnen, die du aus den Primfaktoren bilden kannst. Dies ergibt alle Teiler der Zahl.

$330 = 2 \cdot 3 \cdot 5 \cdot 11$

Teiler sind 1, die Primfaktoren und die Zahl selbst: 1; 2; 3; 5; 11; 330

Produkte aus je zwei Primfaktoren:

$2 \cdot 3 = 6$	$2 \cdot 5 = 10$	$2 \cdot 11 = 22$
$3 \cdot 5 = 15$	$3 \cdot 11 = 33$	$5 \cdot 11 = 55$

Produkte aus je drei Primfaktoren:

$2 \cdot 3 \cdot 5 = 30$	$2 \cdot 3 \cdot 11 = 66$
$2 \cdot 5 \cdot 11 = 110$	$3 \cdot 5 \cdot 11 = 165$

$\mathbb{T}_{330} = \{1; 2; 3; 5; 6; 10; 11; 15; 22; 30; 33; 55; 66; 110; 165; 330\}$

Übung 1

Welche der folgenden Zahlen sind Primzahlen?
Gib bei den anderen Zahlen jeweils einen Teiler an.

a) 47 | d) 139
b) 57 | e) 441
c) 67 | f) 1541

Übung 2

Zerlege die folgenden Zahlen in Primfaktoren.

a) 48 | d) 140
b) 58 | e) 442
c) 68 | f) 1542

Übung 3

Bestimme mit Hilfe der Primfaktorzerlegung sämtliche Teiler.

a) 77 $\mathbb{T}_{77} =$

b) 44 $\mathbb{T}_{44} =$

c) 78 $\mathbb{T}_{78} =$

d) 805 $\mathbb{T}_{805} =$

e) 132 $\mathbb{T}_{132} =$

f) 546 $\mathbb{T}_{546} =$

Übung 4

Gib zu folgenden Zahlen die Anzahl der Primfaktoren und die Anzahl der Teiler an.

a) 15

b) 21

c) 42

d) 66

e) 210

f) 1155

22 Gemeinsame Teiler

Sind zwei Zahlen durch dieselbe Zahl teilbar, so bezeichnet man diese Zahl als gemeinsamen Teiler. Unter allen gemeinsamen Teilern einer Zahl gibt es den größten gemeinsamen Teiler, kurz ggT. Haben zwei Zahlen keinen gemeinsamen Teiler außer der 1, so bezeichnet man sie als teilerfremd.

Beispiel 1

Um den ggT von zwei Zahlen zu bestimmen, musst du zuerst beide Zahlen in Primfaktoren zerlegen. Der ggT ist dann das Produkt aus den Primfaktoren, die in beiden Zahlen gemeinsam vorkommen.

$105 = 3 \cdot \underline{5 \cdot 7}$

$280 = 2 \cdot 2 \cdot 2 \cdot \underline{5 \cdot 7}$

ggT $(105; 280) = 5 \cdot 7 = 35$

Beispiel 2

Auf dieselbe Art und Weise erhältst du bei drei Zahlen den ggT aus dem Produkt der Primfaktoren, die in allen drei Zahlen gemeinsam vorkommen.

$63 = 3 \cdot \underline{3 \cdot 7}$

$231 = \underline{3 \cdot 7} \cdot 11$

$357 = \underline{3 \cdot 7} \cdot 17$

ggT $(63; 231; 357) = 3 \cdot 7 = 21$

Übung 1

Überprüfe, ob die angegebenen Zahlen teilerfremd sind, und gib andernfalls einen gemeinsamen Teiler an.

a) 33 und 57

b) 22 und 63

c) 169 und 78

d) 56 und 225

e) 4851 und 5200

f) 3125 und 5150

Übung 2

Bestimme den ggT.

a) 24 und 39

b) 35 und 63

c) 72 und 180

d) 342 und 612

e) 637 und 455

f) 5720 und 1485

g) 12, 42 und 150

h) 480, 840 und 1680

Übung 3

Herr Schreiner will eine 1,20 m lange und eine 525 cm lange Holzleiste in möglichst große, gleich lange Stücke zersägen.
Wie lang sind die Stücke und wie viele Stücke erhält er?

Übung 4

Familie Müller will den Boden ihres Wohnzimmers (Länge 7 m 56 cm, Breite 4 m 50 cm) ohne Schneiden mit quadratischen Platten fliesen.
Welche Seitenlänge dürfen die Fliesen höchstens haben?

Übung 5

In Familie Bauers Haus ist der Keller 2 m 24 cm hoch, das Erdgeschoss 2 m 40 cm.
Welche Höhe dürfen die Treppenstufen höchstens haben, wenn die Stufen überall gleich hoch sein sollen?

Übung 6

In einem Sägewerk sollen drei Baumstämme mit 42 cm, 66 cm und 78 cm Durchmesser in gleich dicke Bretter zersägt werden.
Welche Bretterstärken (in ganzen cm) kommen in Frage?

23 Gemeinsame Vielfache

Multipliziert man eine Zahl mit einer natürlichen Zahl, so erhält man ein Vielfaches der Zahl. Jede Zahl hat unendlich viele Vielfache. Betrachtet man die Vielfachen von zwei verschiedenen Zahlen, so findet man immer unendlich viele gemeinsame Vielfache. Besonders wichtig ist es oft, das kleinste gemeinsame Vielfache, kurz kgV, zweier Zahlen zu kennen.

Beispiel

Um das kgV zweier Zahlen zu bestimmen, musst du zuerst beide Zahlen in Primfaktoren zerlegen. Das kgV ist dann das Produkt aus allen Primfaktoren der ersten Zahl und denen, die zusätzlich in der zweiten Zahl vorkommen. Bei drei Zahlen musst du das Ergebnis noch mit allen Primfaktoren multiplizieren, die zusätzlich in der dritten Zahl vorkommen.

$48 = \underline{2 \cdot 2 \cdot 2 \cdot 2 \cdot 3}$

$66 = 2 \cdot 3 \cdot \underline{11}$

kgV $(48; 66) = 2 \cdot 2 \cdot 2 \cdot 2 \cdot 3 \cdot 11 = 48 \cdot 11 = 528$

Übung 1

Schreibe jeweils die ersten zehn Vielfachen von 12 und 18 auf und gib die gemeinsamen Vielfachen an. Welches ist das kleinste Vielfache?

Übung 2

Bestimme das kgV der folgenden Zahlen

a) 24 und 36

b) 55 und 75

c) 378 und 648

d) 1224 und 5600

e) 54, 76 und 88

f) 260, 510 und 884

Übung 3

Multipliziere die folgenden Zahlen miteinander, bestimme dann den ggT und das kgV und multipliziere ggT und kgV miteinander.

a) 84 und 126

b) 36 und 54

c) 50 und 160

Was fällt dir auf?

Übung 4

Vom Hauptbahnhof fährt alle 20 Minuten ein Bus der Linie A und alle 35 Minuten ein Bus der Linie B. Um 8 Uhr fahren beide gemeinsam am Bahnhof los.
Um wie viel Uhr ist dies wieder der Fall?

Übung 5

Bei einer Modelleisenbahn benötigt ein Zug auf der inneren Bahn 24 Sekunden und auf der äußeren Bahn 40 Sekunden für eine Runde. Die beiden Züge starten gleichzeitig am Bahnhof.
Nach welcher Zeit sind sie wieder zusammen am Bahnhof und wie viele Runden haben die Züge jeweils zurückgelegt?

Übung 6

Susanne, Ulrike und Claudia treffen sich im Schwimmbad. Susanne geht alle 14 Tage, Ulrike alle 8 Tage und Claudia jeden zweiten Tag.
Nach wie vielen Tagen treffen sie wieder zusammen?

Übung 7

Ein Traktor hat vorne ein Rad mit 150 cm Umfang und hinten ein Rad mit 3 m 20 cm Umfang. Man bringt bei beiden Rädern an der Stelle eine Markierung an, an der sie den Boden berühren.
Wie viele Umdrehungen müssen beide Räder machen, damit wieder beide Markierungen am Boden sind?

Übung 8

Finde alle Zahlenpaare, die 18 als kleinstes gemeinsames Vielfaches haben.

24 Zum Knobeln

Übung 1

Gib die nächsten beiden Zahlen an, mit denen du die Zahlenfolgen logisch fortsetzen kannst.

a)	1	2	3	5	8	13			
b)	1	2	4	7	11	16			
c)	2	4	3	6	5	10	9		
d)	1	3	8	24	29	87	92		

Übung 2

Ersetze die Buchstaben durch Ziffern. Unterschiedliche Buchstaben stehen dabei für verschiedene Ziffern.

a)
```
 ZWEI
+ZWEI
-----
 VIER
```

c)
```
  LIMO
 +COLA
 -----
 SPEZI
```

b)
```
 WORT
 WORT
+WORT
-----
 SATZ
```

d)
```
 SONNE
+STRAND
-------
FERIEN
```

Übung 3

Ergänze bei folgenden magischen Quadraten die fehlenden Zahlen (zwischen 1 und 16), so dass die Summe der Zahlen in jeder Zeile, jeder Spalte und in jeder Diagonale gleich ist.

16	3	2	13
5			8
	6		
4			

1	14		12
15	4		
		16	3
8			13

Übung 4

Sechs Raucher rauchen sechs Zigaretten in sechs Minuten. Wie viele Zigaretten rauchen zwölf Raucher in zwölf Minuten?

Übung 5

Eine Schnecke sitzt am Boden eines 5 m tiefen Brunnens. Sie schafft es, jeden Tag 75 cm hochzukriechen, rutscht aber nachts wieder 20 cm hinunter. Nach wie viel Tagen kommt sie aus dem Brunnen heraus?

Übung 6

Klaus ist 36 Jahre alt. Er ist damit doppelt so alt wie Susanne war, als Klaus so alt war, wie Susanne jetzt ist. Wie alt ist Susanne?

Übung 7

Schreibe die Zahlen von 1 bis 9 (jede nur einmal) in die Lücken. Auf Punkt vor Strich achten!

	+		·		= 15
+		+		·	
	+		−		= 10
·		−		+	
	+		·		= 13
=		=		=	
31		1		31	

	+		−		= 6
·		+		·	
	·		+		= 42
−		·		+	
	+		·		= 41
=		=		=	
7		79		23	

Übung 8

Schreibe die Zahlen von 1 bis 10 jeweils als eine Rechnung, die aus genau viermal der Zahl 4 besteht, die mit beliebigen Rechenzeichen verknüpft werden können.

Beispiel: $12 = (4 + 44) : 4$ $\qquad$ $17 = 4 \cdot 4 + 4 : 4$

mentor Übungsbuch

Mathematik

5./6. Klasse

Grundrechenarten, Größen, Gleichungen

Jürgen Haubrich

Lösungsteil

(an der Perforation heraustrennen)

Nach dem Heraustrennen bitte hier klammern

mentor
Eine Klasse besser.

1. Unser Zahlensystem

Übung 1

a) $3185 = 3 \cdot 1000 + 1 \cdot 100 + 8 \cdot 10 + 5 \cdot 1 =$ 3T 1H 8Z 5E

b) $54\,056 = 5 \cdot 10\,000 + 4 \cdot 1000 + 5 \cdot 10 + 6 \cdot 1 =$ 5ZT 4T 5Z 6E

c) $5\,301\,360 = 5 \cdot 1\,000\,000 + 3 \cdot 100\,000 + 1 \cdot 1000 + 3 \cdot 100 + 6 \cdot 10$
= 5M 3HT 1T 3H 6Z

d) $60\,010\,002 = 6 \cdot 10\,000\,000 + 1 \cdot 10\,000 + 2 \cdot 1 =$ 6ZM 1ZT 2E

e) $7\,012\,008\,105 = 7 \cdot 1\,000\,000\,000 + 1 \cdot 10\,000\,000 + 2 \cdot 1\,000\,000$
$+ 8 \cdot 1000 + 1 \cdot 100 + 5 \cdot 1$
= 7Md 1ZM 2M 8T 1H 5E

f) $1\,234\,567\,890 = 1 \cdot 1\,000\,000\,000 + 2 \cdot 100\,000\,000 + 3 \cdot 10\,000\,000$
$+ 4 \cdot 1\,000\,000 + 5 \cdot 100\,000 + 6 \cdot 10\,000 + 7 \cdot 1000$
$+ 8 \cdot 100 + 9 \cdot 10 =$
= 1Md 2HM 3 ZM 4M 5HT 6ZT 7T 8H 9Z

Übung 2

a) 109 815

b) 149 598 030

c) 6 223 150 000

Übung 3

dreizehn Millionen neunhundertdreiundachtzigtausendachthundertsechzehn

Übung 4

a) 10 001

b) 987 654

c) 1 023 456

Übung 5

a) 90

b) 100

c) 90 (5 als Einer) + 90 (5 als Zehner) + 100 (5 als Hunderter) = 280

2. Die Dualzahlen

Übung 1

$1 = 1_{(2)}$ $\quad 2 = 10_{(2)}$ $\quad 3 = 11_{(2)}$ $\quad 4 = 100_{(2)}$ $\quad 5 = 101_{(2)}$

$6 = 110_{(2)}$ $\quad 7 = 111_{(2)}$ $\quad 8 = 1000_{(2)}$ $\quad 9 = 1001_{(2)}$ $\quad 10 = 1010_{(2)}$

Übung 2

a) $101_{(2)} = 1 \cdot 4 + 0 \cdot 2 + 1 \cdot 1 = 5$

b) $11001_{(2)} = 1 \cdot 16 + 1 \cdot 8 + 0 \cdot 4 + 0 \cdot 2 + 1 \cdot 1 = 25$

c) $101010_{(2)} = 1 \cdot 32 + 0 \cdot 16 + 1 \cdot 8 + 0 \cdot 4 + 1 \cdot 2 + 0 \cdot 1 = 42$

d) $10011_{(2)} = 1 \cdot 16 + 0 \cdot 8 + 0 \cdot 4 + 1 \cdot 2 + 1 \cdot 1 = 19$

e) $1101001_{(2)} = 1 \cdot 64 + 1 \cdot 32 + 0 \cdot 16 + 1 \cdot 8 + 0 \cdot 4 + 0 \cdot 2 + 1 \cdot 1 = 105$

f) $100110011_{(2)} = 1 \cdot 256 + 0 \cdot 128 + 0 \cdot 64 + 1 \cdot 32 + 1 \cdot 16 + 0 \cdot 8 + 0 \cdot 4$
$+ 1 \cdot 2 + 1 \cdot 1$
$= 256 + 32 + 16 + 2 + 1 = 307$

Übung 3

a) $17 = 1 \cdot 16 + 0 \cdot 8 + 0 \cdot 4 + 0 \cdot 2 + 1 \cdot 1 = 10001_{(2)}$

b) $35 = 1 \cdot 32 + 0 \cdot 16 + 0 \cdot 8 + 0 \cdot 4 + 1 \cdot 2 + 1 \cdot 1 = 100011_{(2)}$

c) $112 = 1 \cdot 64 + 1 \cdot 32 + 1 \cdot 16 + 0 \cdot 8 + 0 \cdot 4 + 0 \cdot 2 + 0 \cdot 1 = 1110000_{(2)}$

d) $32 = 1 \cdot 32 + 0 \cdot 16 + 0 \cdot 8 + 0 \cdot 4 + 0 \cdot 2 + 0 \cdot 1 = 100000_{(2)}$

e) $53 = 1 \cdot 32 + 1 \cdot 16 + 0 \cdot 8 + 1 \cdot 4 + 0 \cdot 2 + 1 \cdot 1 = 110101_{(2)}$

f) $235 = 1 \cdot 128 + 1 \cdot 64 + 1 \cdot 32 + 0 \cdot 16 + 1 \cdot 8 + 0 \cdot 4 + 1 \cdot 2 + 1 \cdot 1$
$= 11101011_{(2)}$

Übung 4

a) auf $101_{(2)} = 5$ folgt $110_{(2)} = 6$

b) auf $10011_{(2)} = 19$ folgt $10100_{(2)} = 20$

c) auf $11110_{(2)} = 30$ folgt $11111_{(2)} = 31$

d) auf $11111_{(2)} = 31$ folgt $100000_{(2)} = 32$

3. Die römischen Zahlen

Übung 1

1 = I   2 = II   3 = III   4 = IV   5 = V

6 = VI   7 = VII   8 = VIII   9 = IX   10 = X

Übung 2

a) XVI = 16

b) LXIV = 64

c) XCVIII = 98

d) MDCCLXIX = 1769

e) CDXLVII = 447

f) MMCMXXIV = 2924

Übung 3

a) 19 = XIX

b) 76 = LXXVI

c) 388 = CCCLXXXVIII

d) 1434 = MCDXXXIV

e) 1981 = MCMLXXXI

f) 2233 = MMCCXXXIII

Übung 4

a) 1248 = MCCXLVIII

b) 1559 = MDLIX

c) 1564 = MDLXIV

d) 1756 = MDCCLVI

Übung 5

a) XVII = 17 = $10001_{(2)}$

b) XLVI = 46 = $101110_{(2)}$

c) CXXIV = 124 = $1111100_{(2)}$

4. Addition und Subtraktion

12 13

Übung 1

a) 137 + 561 = 698

b) 489 + 596 = 1085

c) 1387 + 5699 = 7086

d) 458 997 + 327 568 = 786 565

e) 13 875 + 587 + 11 621 = 26 083

f) 56 879 + 128 977 + 547 324 = 733 180

Übung 2

a) 642 – 431 = 211

b) 735 – 259 = 476

c) 5678 – 949 = 4729

d) 66 742 – 546 = 66 196

e) 894 562 – 45 213 = 849 349

f) 987 654 – 123 456 = 864 198

Übung 3

```
 1359
+5813
-----
 7172
```

```
 8931
-1159
-----
 7772
```

Übung 4

a) Der Wert der Summe ist um 6 größer.
(Zahlenbeispiel: 10 + 20 = 30 und 13 + 23 = 36)

b) Der Wert der Summe ist um 10 kleiner.

c) Der Wert der Summe ist um 4 größer.

Übung 5

a) Der Wert der Differenz ist um 4 kleiner.

b) Der Wert der Differenz ist um 7 kleiner.
(Zahlenbeispiel: 20 – 10 = 10 und 20 – 17 = 3)

c) Der Wert der Differenz bleibt gleich.

5. Rechengesetze der Addition

Übung 1

a) $35 + 43 + 15 = 35 + 15 + 43 = 50 + 43 = 93$

b) $189 + 137 + 11 = 189 + 11 + 137 = 200 + 137 = 337$

c) $5678 + 3547 + 222 = 5678 + 222 + 3547 = 5900 + 3547 = 9447$

Übung 2

a) $247 + (53 + 129) = (247 + 53) + 129 = 300 + 129 = 429$

b) $(1829 + 14) + 5136 = 1829 + (14 + 5136) = 1829 + 5150 = 6979$

c) $275 + (25 + 187) + 13 = (275 + 25) + (187 + 13) = 300 + 200 = 500$

Übung 3

a) $(454 + 328) + 46 = (454 + 46) + 328 = 500 + 328 = 828$

b) $785 + (139 + 15) + 51 = (785 + 15) + (139 + 51) = 800 + 190 = 990$

c) $17 + 29 + 13 + (11 + 86) + 14 = (17 + 13) + (29 + 11) + (86 + 14)$
$= 30 + 40 + 100 = 170$

Übung 4

Das Kommutativgesetz gilt nicht, weil z. B.:
$7 - 3 = 4$, aber $3 - 7$ geht nicht

Das Assoziativgesetz gilt nicht, weil z. B.:
$(20 - 7) - 3 = 13 - 3 = 10$, aber $20 - (7 - 3) = 20 - 4 = 16$

Übung 5

a) $90 - 35 - 17 = 55 - 17 = 38$

b) $90 - (35 + 17) = 90 - 52 = 38$

c) $90 - (35 - 17) = 90 - 18 = 72$

d) $90 - 35 + 17 = 55 + 17 = 72$

Übung 6

a) $23 + 56 - 42 - 17 + 31 - 12 = (23 + 56 + 31) - (42 + 17 + 12)$
$= 110 - 71 = 39$

b) $158 - 79 + 112 - 141 - 14 + 542 = (158 + 112 + 542) - (79 + 141 + 14)$
$= 812 - 234 = 578$

c) $789 - 438 + 1582 + 564 - 1791 + 5687 - 1475$
$= (789 + 1582 + 564 + 5687) - (438 + 1791 + 1475) = 8622 - 3704 = 4918$

6. Aufstellen von Termen

16 | 17

Übung 1

a) $354 + (1256 - 985) = 354 + 271 = 625$

b) $(2347 - 1251) - (245 - 139) = 1096 - 106 = 990$

c) $5648 - [(158 + 753) + 254] = 5648 - [911 + 254] = 5648 - 1165 = 4483$

d) $(6231 - 1489) - 2874 + 1557 = 4742 - 2874 + 1557 = 1868 + 1557 = 3425$

e) $[135 + (564 - 329)] - [17 + (234 - 56) - 153] = [135 + 235] - [17 + 178 - 153]$
$= 370 - [195 - 153]$
$= 370 - 42 = 328$

Übung 2

a) $1568 - (123 + 475) = 1568 - 598 = 970$

b) $1894 + (427 - 285) = 1894 + 142 = 2036$

c) $(125 + 16) + (146 - 13) = 141 + 133 = 274$

d) $(723 + 467) - (5631 - 4567) = 1190 - 1064 = 126$

e) $46 + [(34 + 57) - (57 - 23)] = 46 + [91 - 34] = 46 + 57 = 103$

Übung 3

$946 - 43 + 37 - 56 + 127 = 1011$
Das Gymnasium hat zu Beginn des neuen Schuljahres 1011 Schüler.

Übung 4

Freie Plätze: $63\,000 - (13\,500 + 25\,600 + 18\,220) = 5680$
Keine Karte: $19\,870 - 5680 = 14\,190$
14 190 Zuschauer erhielten keine Karte.

Alternativ mit Gesamtansatz:
$19\,870 - [63\,000 - (13\,500 + 25\,600 + 18\,220)] = 14\,190$
oder:
$(13\,500 + 25\,600 + 18\,220 + 19\,870) - 63\,000 = 14\,190$

7. Multiplikation

Übung 1

a) $837 \cdot 3 =$ 2511

b) $56 \cdot 12 =$ 672

c) $493 \cdot 102 =$ 50 286

d) $765 \cdot 511 =$ 390 915

e) $5632 \cdot 3371 =$ 18 985 472

f) $3782 \cdot 5501 =$ 20 804 782

Übung 2

a) $2 \cdot (5 \cdot 29) = (2 \cdot 5) \cdot 29 = 10 \cdot 29 =$ 290

b) $4 \cdot (25 \cdot 17) = (4 \cdot 25) \cdot 17 = 100 \cdot 17 =$ 1700

c) $(37 \cdot 8) \cdot 125 = 37 \cdot (8 \cdot 125) = 37 \cdot 1000 =$ 37 000

d) $(417 \cdot 50) \cdot 20 = 417 \cdot (50 \cdot 20) = 417 \cdot 1000 =$ 417 000

e) $5 \cdot (200 \cdot 125) \cdot 8 = (5 \cdot 200) \cdot (125 \cdot 8) = 1000 \cdot 1000 =$ 1 000 000

f) $41 \cdot 250 \cdot 4 = 41 \cdot (250 \cdot 4) = 41 \cdot 1000 =$ 41 000

Übung 3

a) $(50 \cdot 87) \cdot 20 = (50 \cdot 20) \cdot 87 = 1000 \cdot 87 =$ 87 000

b) $(247 \cdot 125) \cdot (2 \cdot 8) = (247 \cdot 2) \cdot (125 \cdot 8) = 494 \cdot 1000 =$ 494 000

c) $4 \cdot (47 \cdot 25) \cdot 17 = (4 \cdot 25) \cdot (47 \cdot 17) = 100 \cdot 799 =$ 79 900

d) $20 \cdot 4 \cdot 25 \cdot 5 = (20 \cdot 5) \cdot (25 \cdot 4) = 100 \cdot 100 =$ 10 000

e) $(125 \cdot 50) \cdot 8 \cdot 2 = (125 \cdot 8) \cdot (50 \cdot 2) = 1000 \cdot 100 =$ 100 000

f) $5 \cdot (25 \cdot 125) \cdot 4 \cdot 8 = 5 \cdot (25 \cdot 4) \cdot (125 \cdot 8) = 5 \cdot 100 \cdot 1000 =$ 500 000

Übung 4

a) Der Wert des Produkts ist viermal so groß.
(Zahlenbeispiel: $3 \cdot 6 = 18$ und $6 \cdot 12 = 72 = 4 \cdot 18$;
allgemein: $(2 \cdot a) \cdot (2 \cdot b) = (2 \cdot 2) \cdot (a \cdot b) = 4 \cdot (a \cdot b)$)

b) Der Wert des Produkts bleibt gleich.

c) Der Wert des Produkts ist sechsmal so groß.

Übung 5

$3 \cdot 4 \cdot 5 \cdot 6 \cdot 7 = 2520$
Insgesamt ergibt dies 2520 Gramm Mehl.

8. Die Potenzschreibweise

20 | 21

Übung 1

a) $5 \cdot 5 \cdot 5 = 5^3$

b) $7 \cdot 7 \cdot 7 \cdot 7 \cdot 7 \cdot 7 = 7^6$

c) $3 \cdot 5 \cdot 5 \cdot 5 \cdot 3 \cdot 3 \cdot 5 = 3^3 \cdot 5^4$

d) $25 = 5^2$

e) $49 = 7^2$

f) $27 = 3^3$

Übung 2

a) $5^3 = 5 \cdot 5 \cdot 5 = 125$

b) $4^4 = 4 \cdot 4 \cdot 4 \cdot 4 = 256$

c) $7^4 = 7 \cdot 7 \cdot 7 \cdot 7 = 2401$

Übung 3

$1^2 = 1$	$2^2 = 4$	$3^2 = 9$	$4^2 = 16$	$5^2 = 25$
$6^2 = 36$	$7^2 = 49$	$8^2 = 64$	$9^2 = 81$	$10^2 = 100$
$11^2 = 121$	$12^2 = 144$	$13^2 = 169$	$14^2 = 196$	$15^2 = 225$
$16^2 = 256$	$17^2 = 289$	$18^2 = 324$	$19^2 = 361$	$20^2 = 400$

Übung 4

a) $30\,000 = 3 \cdot 10^4$

b) $6\,100\,000 = 61 \cdot 10^5$

c) $780\,000\,000 = 78 \cdot 10^7$

Übung 5

a) $3^2 \cdot 6^2 = 9 \cdot 36 = 324$

b) $3^2 + 4^3 = 9 + 64 = 73$

c) $5^3 + 2^6 = 125 + 64 = 189$

d) $(3 + 3^2)^2 = 12^2 = 144$

e) $7^2 + 7^3 = 49 + 343 = 392$

f) $(2^3 + 12) \cdot 8^3 = 20 \cdot 512 = 10\,240$

Übung 6

a) $3^2 + 4^2 = 5^2$

b) $5^2 + 12^2 = 13^2$

c) $4^3 = 64$

d) $2^5 = 32$

9. Division

22 : 23

Übung 1

a) 204 : 12 = 17

b) 6968 : 67 = 104

c) 69 741 : 567 = 123

d) 285 852 : 332 = 861

e) 787 696 : 541 = 1456

f) 9 751 588 : 4523 = 2156

Übung 2

a) 400 : 31 = 12 Rest 28

b) 777 : 28 = 27 Rest 21

c) 358 : 67 = 5 Rest 23

d) 5489 : 21 = 261 Rest 8

e) 12 689 : 561 = 22 Rest 347

f) 67 851 : 12 = 5654 Rest 3

Übung 3

a) 1755 : 39 = 45 Probe: 39 · 45 = 1755

b) 14 637 : 41 = 357 Probe: 357 · 41 = 14 637

c) 2050 : 33 = 62 Rest 4 Probe: 62 · 33 + 4 = 2050

Übung 4

```
 6888:56=123
-56
 128
-112
  168
 -168
    0
```

```
 1575:45=35
-135
  225
 -225
    0
```

Übung 5

(240 € + 3408 €) : 32 = 3648 € : 32 = 114 €
Jeder Schüler muss 114 € bezahlen.

Übung 6

6000 : 43 = 139 Rest 23
Das Öl reicht für 139 Tage. Dann bleiben noch 23 Liter übrig.

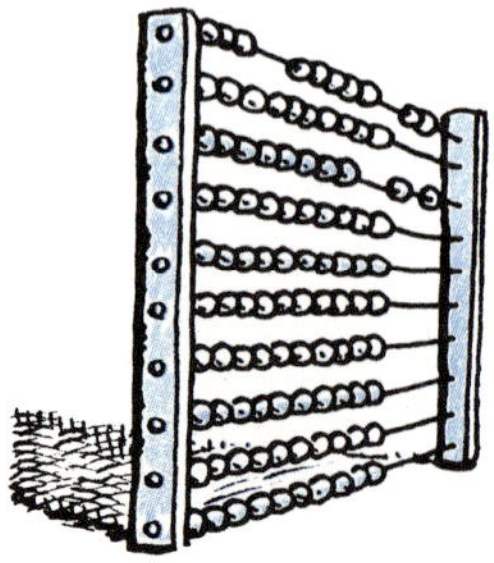

10. Besonderheiten bei der Multiplikation und Division

24 25

Übung 1

a) $5 \cdot (15 + 3) = 5 \cdot 18 = 90$
oder: $5 \cdot (15 + 3) = 5 \cdot 15 + 5 \cdot 3 = 75 + 15 = 90$

b) $37 \cdot (56 + 12) = 37 \cdot 68 = 2516$
oder: $37 \cdot (56 + 12) = 37 \cdot 56 + 37 \cdot 12 = 2072 + 444 = 2516$

c) $21 \cdot (10 + 5) = 21 \cdot 15 = 315$
oder: $21 \cdot (10 + 5) = 21 \cdot 10 + 21 \cdot 5 = 210 + 105 = 315$

Übung 2

a) $567 \cdot 123 + 567 \cdot 77 = 567 \cdot (123 + 77) = 567 \cdot 200 = 113\,400$

b) $345 \cdot 512 - 345 \cdot 12 = 345 \cdot (512 - 12) = 345 \cdot 500 = 172\,500$

c) $869 \cdot 498 + 112 \cdot 869 = 869 \cdot (498 + 112) = 869 \cdot 610 = 530\,090$

d) $193 \cdot 256 + 256 \cdot 254 + 256 \cdot 113 = 256 \cdot (193 + 254 + 113)$
$= 256 \cdot 560 = 143\,360$

e) $786 \cdot 199 = 786 \cdot 200 - 786 = 157\,200 - 786 = 156\,414$

f) $652 \cdot 998 = 652 \cdot 1000 - 652 \cdot 2 = 652\,000 - 1304 = 650\,696$

Übung 3

a) $222 \cdot (222 : 222) = 222 \cdot 1 = 222$

b) $333 : (333 - 333) = 333 : 0 =$ geht nicht

c) $444 - 444 : 444 = 444 - 1 = 443$

d) $555 \cdot 555 \cdot (555 - 555) = 555 \cdot 555 \cdot 0 = 0$

e) $(666 : 666 - 1) : 666 = 0 : 666 = 0$

f) $(0 : 121) : (11 \cdot 11 - 121) = 0 : 0 =$ geht nicht

Übung 4

a) $370 : 10 = 37$

b) $7800 : 100 = 78$

c) $67\,000 : 1000 = 67$

d) $8\,100\,000 : 1000 = 8100$

e) $45\,000 : 5000 = 45 : 5 = 9$

f) $72\,000 : 900 = 720 : 9 = 80$

Man kann bei Dividend und Divisor die gleiche Anzahl an Endnullen weglassen, ohne dass sich etwas am Ergebnis ändert.

26 : 27

11. Alles zusammen

Übung 1

a) $12 \cdot 24 + (139 - 13) = 288 + 126 = 414$

b) $47 + 13 \cdot (28 - 72 : 4) = 47 + 13 \cdot 10 = 177$

c) $(13 \cdot 11 + 153 : 9) \cdot 27 = (143 + 17) \cdot 27 = 160 \cdot 27 = 4320$

d) $6 \cdot \{[(13 + 7 \cdot 9) : 2 + 2] + 8\} = 6 \cdot \{[76 : 2 + 2] + 8\} = 6 \cdot 48 = 288$

e) $7^3 + (192 + 8 \cdot 16) : 4 + 1 = 343 + 320 : 4 + 1 = 343 + 80 + 1 = 424$

f) $4000 + 2000 \cdot [2773 : 47 - (1612 - 1598)] = 4000 + 2000 \cdot [59 - 14]$
$= 4000 + 2000 \cdot 45 = 4000 + 90\,000$
$= 94\,000$

Übung 2

a) $23 \cdot 36 : (13 + 5) = 828 : 18 = 46$

b) $2 \cdot (26 + 47) \cdot (273 - 189) = 2 \cdot 73 \cdot 84 = 12\,264$

c) $122 : (192 : 32) = 144 : 6 = 24$

d) $235 + (2582 - 17 \cdot 31) = 235 + 2055 = 2290$

e) $33 \cdot 44 - (33 + 44) = 1452 - 77 = 1375$

f) $45 \cdot [16 \cdot 8 : (16 - 8)] = 45 \cdot [128 : 8] = 45 \cdot 16 = 720$

Übung 3

a) $12 \cdot (56 - 4) = 624$

b) $(4704 : 98 - 8) \cdot 3 = 120$

c) $(199 + 17) \cdot 28 - 16 \cdot 24 = 5664$

Übung 4

Schritt für Schritt:

Eingekauft:	$12 \cdot (65\text{ ct} + 45\text{ ct}) + 12\text{ €} + 3 \cdot 1\text{ €} = 12 \cdot 110\text{ ct} +$ $+ 1200\text{ ct} + 300\text{ ct} = 2820\text{ ct}$
Restgeld:	$30\text{ €} - 2820\text{ ct} = 180\text{ ct}$
Anzahl Kugeln:	$180\text{ ct} : 60\text{ ct} = 3$
Antwort:	Er erhält drei Kugeln Eis.
Gesamtansatz:	$\{30\text{ €} - [12 \cdot (65\text{ ct} + 45\text{ ct}) + 12\text{ €} + 3 \cdot 1\text{ €}]\} : 60\text{ ct} = 3$

Übung 5

$8 + (2 \cdot 8 - 3) + 2 \cdot 8 = 37$

Es wohnen 37 Personen in dem Haus.

Übung 6

Schritt für Schritt:

Restbetrag:	$18\,900\text{ €} - 7100\text{ €} = 11\,800\text{ €}$
Ursprüngliche Rate:	$11\,800\text{ €} : 20 = 590\text{ €}$
Nach 8 Monaten:	$11\,800\text{ €} - (8 \cdot 590\text{ €} + 1080\text{ €}) = 6000\text{ €}$
Neue Rate:	$6000\text{ €} : 12 = 500\text{ €}$
Antwort:	Herr Schnell muss nun monatlich 500 € bezahlen.

12. Längeneinheiten

28 29

Übung 1

a) 21 cm = 210 mm

b) 32 m = 32 000 mm

c) 3 km 15 m = 30 150 dm

d) 20 km 15 dm = 2 000 150 cm

e) 78 000 cm = 780 m

f) 125 000 mm = 1250 dm

Übung 2

a) 103 mm = 1 dm 3 mm

b) 1250 cm = 12 m 5 dm

c) 100 116 dm = 10 km 11 m 6 dm

d) 98 523 cm = 985 m 2 dm 3 cm

e) 307 882 mm = 307 m 8 dm 8 cm 2 mm

f) 500 127 m = 500 km 127 m

Übung 3

a) 5 m 7 cm = 507 cm

b) 2 dm 3 mm = 203 mm

c) 3 km 40 m = 3040 m

d) 9 m 7 mm = 9007 mm

e) 3 km 2 dm 9 mm = 3 000 209 mm

f) 112 km 7 dm = 1 120 007 dm

Übung 4

a) 4 dm + 47 cm = 40 cm + 47 cm = 87 cm

b) 254 m + 320 m + 875 m = 1449 m

c) 34 m + 34 dm + 34 cm = 3400 cm + 340 cm + 34 cm = 3774 cm

d) 87 m – 145 cm = 8700 cm – 145 cm = 8555 cm

e) 14 m 12 cm + (815 cm – 2 m 7 dm) = 1412 cm + 545 cm = 1957 cm

f) 37 km 12 m – (942 m – 12 m 7 cm) = 3 701 200 cm – 92 993 cm
= 3 608 207 cm

Übung 5

310 km – (75 km + 87 km + 67 km) = 310 km – 229 km = 81 km
Sie müssen noch 81 km fahren.

Übung 6

35 m – 7 m 35 cm – 2 · 37 dm = 3500 cm – 735 cm – 740 cm = 2025 cm
Es sind noch 20 m 25 cm auf der Rolle.

Übung 7

210 cm : 15 cm = 14
Klaus muss 13-mal sägen, da er beim letzten Sägen 2 Stücke erhält.

30 31

13. Gewichte

Übung 1

a) 55 t = 55 000 kg

b) 12 kg 500 g = 12 500 g

c) 30 g = 30 000 mg

d) 750 kg = 15 Ztr.

e) 2 kg 500 g = 5 Pfd.

f) 1 t 10 kg 100 g = 1010 100 000 mg

Übung 2

a) 40 kg < 41 500 g < 42 kg 500 g < 39 t

b) 380 000 mg < 3 kg 700 g < 39 000 g < 3 t 600 mg

Übung 3

a) 47 g + 568 g = 615 g

b) 5 kg 56 g – 259 g = 4797 g = 4 kg 797 g

c) 4 · (2 t 256 kg + 4 t 786 kg) = 4 · 7042 kg = 28 168 kg = 28 t 168 kg

d) (470 kg + 2560 g) : 5 = 472 560 g : 5 = 94 512 g = 94 kg 512 g

e) (44 g 25 mg – 456 mg) : 9 mg = 43 569 mg : 9 mg = 4841 mg

f) 50 t : 5 kg – 48 mg : 4 mg = 50 000 kg : 5 kg – 12 = 10 000 – 12 = 9988

Übung 4

1550 kg – (1020 kg + 76 kg + 58 kg + 35 kg + 43 kg) = 1550 kg – 1232 kg = 318 kg
Sie dürfen 318 kg an Gepäck mitnehmen.

Übung 5

(13 kg – 4 kg 600 g) : 15 g = 8400 g : 15 g = 560
Es sind 560 Schrauben in dem Behälter.

Übung 6

5 kg – (1450 g + 2018 g + 280 g + 210 g + 12 · 65 g) = 5000 g – 4738 g = 262 g
Sie kann das Stofftier nicht mitnehmen.

14. Zeiten

32 33

Übung 1

a) $4\text{ min} = 4 \cdot 60\text{ s} = 240\text{ s}$

b) $12\text{ h} = 12 \cdot 60\text{ min} = 720\text{ min}$

c) $3\text{ h }48\text{ min} = 3 \cdot 60\text{ min} + 48\text{ min} = 228\text{ min}$

d) $5\text{ h }12\text{ min} = 5 \cdot 60\text{ min} + 12\text{ min} = 312\text{ min} = 312 \cdot 60\text{ s} = 18\,720\text{ s}$

e) $168\text{ h} = (168 : 24)\text{ d} = 7\text{ d}$

f) $840\text{ s} = (840 : 60)\text{ min} = 14\text{ min}$

g) $7860\text{ s} = (7860 : 60)\text{ min} = 131\text{ min} = 2\text{ h }11\text{ min}$

h) $29\,362\text{ s} = (29\,362 : 60)\text{ min} = 489\text{ min }22\text{ s} = 8\text{ h }9\text{ min }22\text{ s}$

Übung 2

a) $135\text{ s} < 12\text{ min }20\text{ s} < 1\text{ h }3\text{ min}$

b) $900\text{ s} < 65\text{ min} < 73\text{ min }45\text{ s} < 1\text{ h }15\text{ min}$

c) $18\text{ h} < 86\,000\text{ s} < 1450\text{ min} < 1\text{ d }2\text{ h}$

Übung 3

a) $23\text{ h }47\text{ min} + 8\text{ h }23\text{ min} = 31\text{ h }70\text{ min} = 32\text{ h }10\text{ min} = 1\text{ d }8\text{ h }10\text{ min}$

b) $3\text{ h }48\text{ min} - 1\text{ h }17\text{ min} = 2\text{ h }31\text{ min}$

c) $7\text{ d }12\text{ h} + 4\text{ d }19\text{ h }56\text{ min} + 17\text{ h }37\text{ min} = 11\text{ d }48\text{ h }93\text{ min} = 13\text{ d }1\text{ h }33\text{ min}$

d) $5\text{ h }24\text{ min} - 2\text{ h }49\text{ min} = 4\text{ h }84\text{ min} - 2\text{ h }49\text{ min} = 2\text{ h }35\text{ min}$

Übung 4

a) Von 6.08 Uhr bis 6.30 Uhr sind 22 min
Von 6.39 Uhr bis 7.15 Uhr sind 36 min
Gesamt: $2 \cdot (22\text{ min} + 36\text{ min}) = 116\text{ min} = 1\text{ h }56\text{ min}$
Er sitzt insgesamt (Hin- und Rückfahrt) 1 h 56 min im Zug.

b) Gesamter Hinweg: von 5.55 Uhr bis 7.27 Uhr sind 1 h 32 min
Rückweg: $18\text{ h} - 1\text{ h }32\text{ min} = 16\text{ h }28\text{ min}$
Er muss um 16.28 Uhr losgehen.

15. Geschwindigkeit

Übung 1

s	240 km	**450 km**	882 km	10 km	280 km	**405 km**
t	3 h	6 h	**7 h**	**10 min**	240 min	4h 30 min
v	**80 km/h**	75 km/h	126 km/h	60 km/h	**70 km/h**	90 km/h

Übung 2

a) Flugzeug: $v = s : t = 12\,600$ km : 8 h = 1575 km/h
b) Fußgänger: $t = s : v = 12\,600$ km : 5 km/h = 2520 h = 105 d
Das Flugzeug hat eine Geschwindigkeit von 1575 km/h. Der Fußgänger würde 105 Tage brauchen, wenn er ohne Pause durchliefe.

Übung 3

$s = 3$ h · 128 km/h + 2 h · 52 km/h = 488 km
Herr Kaufmann ist 488 km weit gefahren.

Übung 4

100 km in 1 h
450 km in 4 h 30 min
Sie kommen um 12.00 Uhr an.

Übung 5

$v = 149\,022\,000$ km : 8766 h = 17 000 km/h
Die Erde hat eine Geschwindigkeit von 17 000 km/h.

16. Maßstab und Verhältnisse

36 : 37

Übung 1

1 cm entspricht 150 000 cm = 1500 m
22 cm entsprechen 22 · 1500 m = 33 000 m = 33 km
3 dm = 30 cm entsprechen 30 · 1500 m = 45 000 m = 45 km
26 cm 5 mm entsprechen 26 · 1500 m + 750 m = 39 750 m = 39 km 750 m
Die Gesamtstrecke beträgt 33 km + 45 km + 39 km 750 m = 117 km 750 m.

Übung 2

6 cm entsprechen 3 km = 300 000 cm
1 cm entspricht 300 000 cm : 6 = 50 000 cm
Die Karte hat einen Maßstab von 1 : 50 000.

Übung 3

1 cm entspricht 2 500 000 cm = 25 km
20 cm entsprechen 20 · 25 km = 500 km
Die Strecke ist auf der Karte 20 cm lang.

Übung 4

1. Karte: 1 cm entspricht 50 000 cm = 500 m
8 cm entsprechen 8 · 500 m = 4000 m

2. Karte: 1 cm entspricht 80 000 cm = 800 m
5 cm entsprechen 5 · 800 m = 4000 m

Auf der anderen Karte ist die Strecke 5 cm lang.

Übung 5

1 Tafel kostet 54 Cent.
3 Tafeln kosten 3 · 54 Cent = 162 Cent = 1,62 €

Übung 6

12 Flaschen kosten 55,20 € = 5520 Cent
1 Flasche kostet 5520 Cent : 12 = 460 Cent = 4,60 €

Übung 7

1 s für 300 000 km
1 min für 60 · 300 000 km = 18 000 000 km
1 h für 60 · 18 000 000 km = 1 080 000 000 km
1 d für 24 · 1 080 000 000 km = 25 920 000 000 km
1 a für 365 · 25 920 000 000 km = 9 460 800 000 000 km

Übung 8

1 Zoll ist 24 mm
1 Fuß ist 12 · 24 mm = 288 mm
1 Elle ist 2 · 288 mm = 576 mm
1 Klafter ist 3 · 576 mm = 1728 mm
Ein Klafter ist 1 m 72 cm 8 mm lang.

38 39

17. Gleichungen I

Übung 1

a) $23 + x = 79$
$x = 79 - 23$
$x = 56$

b) $x - 86 = 25$
$x = 25 + 86$
$x = 111$

c) $47 - x = 23$
$x = 47 - 23$
$x = 24$

d) $x + 564 = 589 + 254$
$x = 843 - 564$
$x = 279$

e) $4892 - x = 1538$
$x = 4892 - 1538$
$x = 3354$

f) $x + (871 - 652) = 683 + 256$
$x + 219 = 939$
$x = 939 - 219$
$x = 720$

g) $x - 5432 = 8457$
$x = 8457 + 5432$
$x = 13\,889$

h) $7523 - x = 5429 + 431$
$x = 7523 - 5860$
$x = 1663$

Übung 2

a) $127 - x = 58$
$x = 127 - 58$
$x = 69$

b) $x + 546 = 4623$
$x = 4623 - 546$
$x = 4077$

c) $x - 2564 = 1867$
$x = 1867 + 2564$
$x = 4431$

d) $x - (16\,781 + 3156) = 13\,124 - 4367$
$x - 19\,937 = 8757$
$x = 8757 + 19\,937$
$x = 28\,694$

e) $57 - (x + 17) = 25$
$x + 17 = 57 - 25$
$x + 17 = 32$
$x = 32 - 17$
$x = 15$

Übung 3

$45\text{ cm} - 13\text{ mm} + 15\text{ cm} - x = 51\text{ cm}$
$587\text{ mm} - x = 510\text{ mm}$
$x = 587\text{ mm} - 510\text{ mm}$
$x = 77\text{ mm}$
Es verdunsteten 77 mm Wasser.

18. Gleichungen II

40 41

Übung 1

a) $156 \cdot x = 3588$
$x = 3588 : 156$
$x = 23$

b) $x : 28 = 75$
$x = 28 \cdot 75$
$x = 2100$

c) $568 : x = 71$
$x = 568 : 71$
$x = 8$

d) $x \cdot (332 - 145) = 17 \cdot 11$
$x = 187 : 187$
$x = 1$

e) $x : (13 + 14) = 189 : 7$
$x = 27 \cdot 27$
$x = 729$

f) $(x + 17) \cdot 25 = 3750$
$x + 17 = 3750 : 25$
$x = 150 - 17$
$x = 133$

g) $270 : x - 25 = 160 : 8$
$270 : x = 20 + 25$
$x = 270 : 45$
$x = 6$

h) $(x - 56) : (23 + 34) = 256$
$x - 56 = 256 \cdot 57$
$x = 14\,592 + 56$
$x = 14\,648$

Übung 2

a) $x : 17 = 51$
$x = 51 \cdot 17$
$x = 867$

b) $53 \cdot x = 4717$
$x = 4717 : 53$
$x = 89$

c) $441 : x = 63$
$x = 441 : 63$
$x = 7$

d) $x \cdot (8234 + 583) = 490 - 47$
$x = 443 : 8817$
Es gibt keine Zahl, die diese Gleichung löst.

Übung 3

$x \cdot 5 - (47 + 43) = 420 : 28$
$x \cdot 5 - 90 = 15$
$x \cdot 5 = 15 + 90$
$x \cdot 5 = 105$
$x = 105 : 5$
$x = 21$
Klaus hat sich die Zahl 21 gedacht.

Übung 4

$(x - 3 \cdot 24) : 4 = 11$
$x - 72 = 44$
$x = 116$
Es waren 116 Salzstangen in der Packung.

42 | 43

19. Ungleichungen

Übung 1

a) $x + 28 < 152$ $\qquad$ $\mathbb{G} = \{2; 4; 6; 8; \ldots\}$

$x < 124$ $\qquad$ $\mathbb{L} = \{2; 4; 6; \ldots; 122\}$

b) $238 - x \leq 185$ $\qquad$ $\mathbb{G} = \mathbb{N}$

$238 - x = 185$

$x = 53$ $\qquad$ $\mathbb{L} = \{53; 54; 55; \ldots; 238\}$

Die Lösungsmenge endet bei 238, da man in der Ungleichung $238 - x$ keine größeren Zahlen als 238 subtrahieren kann.

c) $x - 2594 > 586$ $\qquad$ $\mathbb{G} = \{1; 3; 5; 7; 9; \ldots\}$

$x > 3180$ $\qquad$ $\mathbb{L} = \{3181; 3183; 3185; \ldots\}$

d) $738 < x + 492$ $\qquad$ $\mathbb{G} = \{10; 20; 30; 40; \ldots\}$

$246 < x$ $\qquad$ $\mathbb{L} = \{250; 260; 270; \ldots\}$

Übung 2

a) $47 < x \leq 140$ $\qquad$ $\mathbb{L} = \{48; 49; 50; \ldots; 140\}$

b) $12 \leq x - 5 < 15$ $\qquad$ $\mathbb{L} = \{17; 18; 19\}$

c) $237 < x + 184 < 943$

$237 < x + 184$	$x + 184 < 943$
$237 = x + 184$	$x + 184 = 943$
$x = 53$	$x = 759$
$\mathbb{L}_1 = \{54; 55; 56; \ldots\}$	$\mathbb{L}_2 = \{1; 2; \ldots; 758\}$

$\mathbb{L}_{ges} = \{54; 55; \ldots; 758\}$

d) $549 \geq x - 128 > 349$

$549 \geq x - 128$	$x - 128 > 349$
$549 = x - 128$	$x - 128 = 349$
$x = 677$	$x = 477$
$\mathbb{L}_1 = \{128; 129; \ldots; 677\}$	$\mathbb{L}_2 = \{478; 479; 480; \ldots\}$

$\mathbb{L}_{ges} = \{478; 479; \ldots; 677\}$

e) $423 \leq 867 - x \leq 756$

$423 \leq 867 - x$	$867 - x \leq 756$
$423 = 867 - x$	$867 - x = 756$
$x = 444$	$x = 111$
$\mathbb{L}_1 = \{1; 2; \ldots; 444\}$	$\mathbb{L}_2 = \{111; 113; \ldots; 867\}$

$\mathbb{L}_{ges} = \{111; 113; \ldots; 444\}$

20. Teilbarkeit

44 45

Übung 1

ist teilbar durch	2	3	4	5	6	7	8	9	10
48	X	X	X		X		X		
52	X		X						
72	X	X	X		X		X	X	
156	X	X	X		X				
256	X		X				X		
494	X								
1480	X		X	X			X		X
20 048	X		X			X	X		
301 812	X	X	X		X	X			

Übung 2

a) $\mathbb{T}_{30} = \{1; 2; 3; 5; 6; 10; 15; 30\}$

b) $\mathbb{T}_{99} = \{1; 3; 9; 11; 33; 99\}$

c) $\mathbb{T}_{150} = \{1; 2; 3; 5; 6; 10; 15; 25; 30; 50; 75; 150\}$

Übung 3

a) 2 | 2 5 4 ☐ 0; 2; 4; 6; 8

b) 3 | 2 4 ☐ 1 2; 5; 8

c) 4 | 5 1 ☐ 4 0; 2; 4; 6; 8

d) 6 | 9 8 4 ☐ 0; 6

46 | 47

21. Die Primfaktorzerlegung

Übung 1

a) 47 ist eine Primzahl

b) 57 ist keine Primzahl, da z. B. 3 | 57

c) 67 ist eine Primzahl

d) 139 ist eine Primzahl

e) 441 ist keine Primzahl, da z. B. 3 | 441

f) 1541 ist keine Primzahl, da z. B. 23 | 1541

Übung 2

a) $48 = 2^4 \cdot 3$

b) $58 = 2 \cdot 29$

c) $68 = 2^2 \cdot 17$

d) $140 = 2^2 \cdot 5 \cdot 7$

e) $442 = 2 \cdot 13 \cdot 17$

f) $1542 = 2 \cdot 3 \cdot 257$

Übung 3

a) $77 = 7 \cdot 11$ $\mathbb{T}_{77} = \{1; 7; 11; 77\}$

b) $44 = 2 \cdot 2 \cdot 11$ $\mathbb{T}_{44} = \{1; 2; 4; 11; 22; 44\}$

c) $78 = 2 \cdot 3 \cdot 13$ $\mathbb{T}_{78} = \{1; 2; 3; 6; 13; 26; 39; 78\}$

d) $805 = 5 \cdot 7 \cdot 23$ $\mathbb{T}_{805} = \{1; 5; 7; 23; 35; 115; 161; 805\}$

e) $132 = 2 \cdot 2 \cdot 3 \cdot 11$ $\mathbb{T}_{132} = \{1; 2; 3; 4; 6; 11; 12; 22; 33; 44; 66; 132\}$

f) $546 = 2 \cdot 3 \cdot 7 \cdot 13$ $\mathbb{T}_{546} = \{1; 2; 3; 6; 7; 13; 14; 21; 26; 39; 42; 78; 91; 182; 273; 546\}$

Übung 4

a) 15 hat 2 Primfaktoren (3 und 5) und 4 Teiler ($\mathbb{T}_{15} = \{1; 3; 5; 15\}$)

b) 21 hat 2 Primfaktoren (3 und 7) und 4 Teiler ($\mathbb{T}_{21} = \{1; 3; 7; 21\}$)

c) 42 hat 3 Primfaktoren (2, 3 und 5) und 8 Teiler
$\mathbb{T}_{42} = \{1; 2; 3; 6; 7; 14; 21; 42\}$

d) 66 hat 3 Primfaktoren (2, 3 und 11) und 8 Teiler
$\mathbb{T}_{66} = \{1; 2; 3; 6; 11; 22; 33; 66\}$

e) 210 hat 4 Primfaktoren (2, 3, 5 und 7) und 16 Teiler
$\mathbb{T}_{210} = \{1; 2; 3; 5; 6; 7; 10; 14; 15; 21; 30; 35; 70; 42; 105; 210\}$)

f) 1155 hat 4 Primfaktoren (3, 5, 7 und 11) und 16 Teiler
$\mathbb{T}_{1155} = \{1; 3; 5; 7; 11; 15; 21; 33; 35; 55; 77; 105; 165; 231; 385; 1155\}$

22. Gemeinsame Teiler

48 49

Übung 1

a) 33 und 57 sind nicht teilerfremd, da 3 ein gemeinsamer Teiler

b) 22 und 63 sind teilerfremd

c) 169 und 78 sind nicht teilerfremd, da 13 ein gemeinsamer Teiler

d) 56 und 225 sind teilerfremd

e) 4851 und 5200 sind teilerfremd

f) 3125 und 5150 sind nicht teilerfremd, da 5 ein gemeinsamer Teiler

Übung 2

a) $24 = 2 \cdot 2 \cdot 2 \cdot \underline{3}$
$39 = \underline{3} \cdot 13$
ggT (24; 39) = 3

b) $35 = 5 \cdot \underline{7}$
$63 = 3 \cdot 3 \cdot \underline{7}$
ggT (35; 63) = 7

c) $72 = 2 \cdot \underline{2 \cdot 2 \cdot 3 \cdot 3}$
$180 = \underline{2 \cdot 2 \cdot 3 \cdot 3} \cdot 5$
ggT (72; 180) = 36

d) $342 = \underline{2 \cdot 3 \cdot 3} \cdot 19$
$612 = 2 \cdot \underline{2 \cdot 3 \cdot 3} \cdot 17$
ggT (342; 612) – 12

e) $637 = 7 \cdot \underline{7 \cdot 13}$
$455 = 5 \cdot \underline{7 \cdot 13}$
ggT (455; 637) = 91

f) $5720 = 2 \cdot 2 \cdot 2 \cdot \underline{5 \cdot 11} \cdot 13$
$1485 = 3 \cdot 3 \cdot 3 \cdot \underline{5 \cdot 11}$
ggT (5720; 1485) = 55

g) $12 = 2 \cdot \underline{2 \cdot 3}$
$42 = \underline{2 \cdot 3} \cdot 7$
$150 = \underline{2 \cdot 3} \cdot 5 \cdot 5$
ggT (12; 42; 150) = 6

h) $480 = 2 \cdot 2 \cdot \underline{2 \cdot 2 \cdot 2 \cdot 3 \cdot 5}$
$840 = \underline{2 \cdot 2 \cdot 2 \cdot 3 \cdot 5} \cdot 7$
$1680 = 2 \cdot \underline{2 \cdot 2 \cdot 2 \cdot 3 \cdot 5} \cdot 7$
ggT (480; 840; 1680) = 120

Übung 3

$120 = 2 \cdot 2 \cdot 2 \cdot \underline{3 \cdot 5}$
$525 = \underline{3 \cdot 5} \cdot 5 \cdot 7$
ggT (120; 525) = 15

Die Stücke sind 15 cm lang und er erhält 8 + 35 = 43 Stücke.

Übung 4

$756 = 2 \cdot \underline{2 \cdot 3 \cdot 3} \cdot 3 \cdot 7$
$450 = \underline{2 \cdot 3 \cdot 3} \cdot 5 \cdot 5$
ggT (756; 450) = 18

Die Fliesen dürfen höchstens 18 cm lang sein.

Übung 5

$224 = \underline{2 \cdot 2 \cdot 2 \cdot 2} \cdot 2 \cdot 7$
$240 = \underline{2 \cdot 2 \cdot 2 \cdot 2} \cdot 3 \cdot 5$
ggT (224; 240) = $2 \cdot 2 \cdot 2 \cdot 2 = 16$

Die Stufen dürfen höchstens 16 cm hoch sein.

Übung 6

$42 = \underline{2 \cdot 3} \cdot 7$
$66 = \underline{2 \cdot 3} \cdot 11$
$78 = \underline{2 \cdot 3} \cdot 13$

Die möglichen Bretterstärken sind die gemeinsamen Teiler der drei Zahlen. Alle drei Zahlen enthalten die Primfaktoren 2 und 3. Daher sind Bretter mit 1 cm (geht immer), 2 cm, 3 cm und 6 cm (da ggT (42; 66; 78) = 6) Dicke möglich.

50 51

23. Gemeinsame Vielfache

Übung 1

$V_{12} = \{12; 24; 36; 48; 60; 72; 84; 96; 108; 120; ...\}$
$V_{18} = \{18; 36; 54; 72; 90; 108; 126; 144; 162; 180; ...\}$
Gemeinsame Vielfache: $\{36; 72; 108; ...\} = V_{36}$
kgV (12; 18) = 36

Übung 2

a) $24 = \underline{2 \cdot 2 \cdot 2 \cdot 3}$
$36 = 2 \cdot 2 \cdot 3 \cdot \underline{3}$
kgV (24; 36) = $24 \cdot 3 = 72$

b) $55 = \underline{5 \cdot 11}$
$75 = \underline{3 \cdot 5} \cdot 5$
kgV (55; 75) = $55 \cdot 3 \cdot 5 = 825$

c) $378 = \underline{2 \cdot 3 \cdot 3 \cdot 3 \cdot 7}$
$648 = 2 \cdot \underline{2 \cdot 2 \cdot 3} \cdot 3 \cdot 3 \cdot 3$
kgV (378; 648) = $378 \cdot 2 \cdot 2 \cdot 3 = 4536$

d) $1224 = \underline{2 \cdot 2 \cdot 2 \cdot 3 \cdot 3 \cdot 17}$
$5600 = 2 \cdot 2 \cdot 2 \cdot \underline{2 \cdot 2 \cdot 5 \cdot 5 \cdot 7}$
kgV (1224; 5600) = $1224 \cdot 2 \cdot 2 \cdot 5 \cdot 5 \cdot 7 = 856\,800$

e) $54 = \underline{2 \cdot 3 \cdot 3 \cdot 3}$
$76 = 2 \cdot \underline{2 \cdot 19}$
$88 = 2 \cdot 2 \cdot \underline{2 \cdot 11}$
kgV (54; 76; 88) = $54 \cdot 38 \cdot 22 = 45\,144$

f) $260 = \underline{2 \cdot 2 \cdot 5 \cdot 13}$
$510 = 2 \cdot \underline{3} \cdot 5 \cdot \underline{17}$
$884 = 2 \cdot 2 \cdot 13 \cdot 17$
kgV (260; 510; 884) = $260 \cdot 3 \cdot 17 = 13\,260$

Übung 3

a) $84 = 2 \cdot 2 \cdot 3 \cdot 7$
$126 = 2 \cdot 3 \cdot 3 \cdot 7$
$84 \cdot 126 = 10\,584$

ggT (84; 126) = 42
kgV (84; 126) = 252
$42 \cdot 252 = 10\,584$

b) $36 = 2 \cdot 2 \cdot 3 \cdot 3$
$54 = 2 \cdot 3 \cdot 3 \cdot 3$
$36 \cdot 54 = 1944$

ggT (36; 54) = 18
kgV (36; 54) = 108
$18 \cdot 108 = 1944$

c) $50 = 2 \cdot 5 \cdot 5$
$160 = 2 \cdot 2 \cdot 2 \cdot 2 \cdot 2 \cdot 5$
$50 \cdot 160 = 8000$

ggT (50; 160) = 10
kgV (50; 160) = 800
$10 \cdot 800 = 8000$

Was fällt auf? Das Produkt von ggT und kgV zweier Zahlen ist gleich dem Produkt der beiden Zahlen.

Übung 4

$20 = 2 \cdot 2 \cdot 5$
$35 = 5 \cdot 7$
kgV (20; 35) = 140
Die Busse fahren nach 140 Minuten,
also um 10.20 Uhr, wieder gemeinsam ab.

Übung 5

$24 = 2 \cdot 2 \cdot 2 \cdot 3$
$40 = 2 \cdot 2 \cdot 2 \cdot 5$
kgV (24; 40) = $24 \cdot 5 = 120$
Beide Züge sind nach 120 Sekunden wieder am Bahnhof. Der innere Zug hat dabei fünf, der äußere drei Runden zurückgelegt.

Übung 6

$14 = 2 \cdot 7$
$8 = 2 \cdot 2 \cdot 2$
kgV (2; 8; 14) = 56
Sie sind nach 56 Tagen wieder gemeinsam im Bad.

Übung 7

$150 = 2 \cdot 3 \cdot 5 \cdot 5$
$320 = 2 \cdot 2 \cdot 2 \cdot 2 \cdot 2 \cdot 2 \cdot 5$
kgV (150; 320) = 4800
Der Traktor muss 4800 cm weit fahren, damit wieder beide Markierungen am Boden sind. Dabei macht das kleine Rad 32 Umdrehungen und das große Rad 15 Umdrehungen.

Übung 8

18 = kgV (1; 18) = kgV (2; 18) = kgV (3; 18)
= kgV (9; 18) = kgV (6; 18) = kgV (18; 18)
= kgV (2; 9)

52 53

24. Zum Knobeln

Übung 1

a)	1	2	3	5	8	13	21	34	
b)	1	2	4	7	11	16	22	29	
c)	2	4	3	6	5	10	9	18	17
d)	1	3	8	24	29	87	92	276	281

Übung 2

Teilweise sind mehrere Lösungen möglich.

a)
```
 3204
+3204
 6408
```

b)
```
 1942
 1942
+1942
 5826
```

c)
```
 2964
+7425
10389
```

d)
```
  59774
+581273
 641047
```

Übung 3

16	3	2	13
5	10	11	8
9	6	7	12
4	15	14	1

1	14	7	12
15	4	9	6
10	5	16	3
8	11	2	13

Übung 4

6 Raucher rauchen in 6 Minuten 6 Zigaretten.
12 Raucher rauchen in 6 Minuten 12 Zigaretten.
12 Raucher rauchen in 12 Minuten 24 Zigaretten.

Übung 5

Die Schnecke schafft am Tag 75 cm – 20 cm = 55 cm.
Nach 8 Tagen ist sie 8 · 55 cm = 440 cm nach oben gekommen.
Am 9. Tag schafft sie 440 cm + 75 cm = 515 cm und ist aus dem Brunnen heraus.

Übung 6

Klaus ist jetzt 36 Jahre alt und war vor 9 Jahren 27 Jahre alt.
Susanne ist jetzt 27 Jahre alt und war vor 9 Jahren 18 Jahre alt.

Übung 7

3	+	2	·	6	= 15
+		+		·	
7	+	8	–	5	= 10
·		–		+	
4	+	9	·	1	= 13
=		=		=	
31		1		31	

2	+	7	–	3	= 6
·		+		·	
4	·	9	+	6	= 42
–		·		+	
1	+	8	·	5	= 41
=		=		=	
7		79		23	

Übung 8

1 = 44 : 44
2 = 4 : 4 + 4 : 4
3 = (4 + 4 + 4) : 4
4 = 4 + 4 · (4 – 4)

5 = (4 + 4 · 4) : 4
6 = 4 + (4 + 4) : 4
7 = 44 : 4 – 4

8 = 4 + 4 + 4 – 4
9 = 4 + 4 + 4 : 4
10 = (44 – 4) : 4